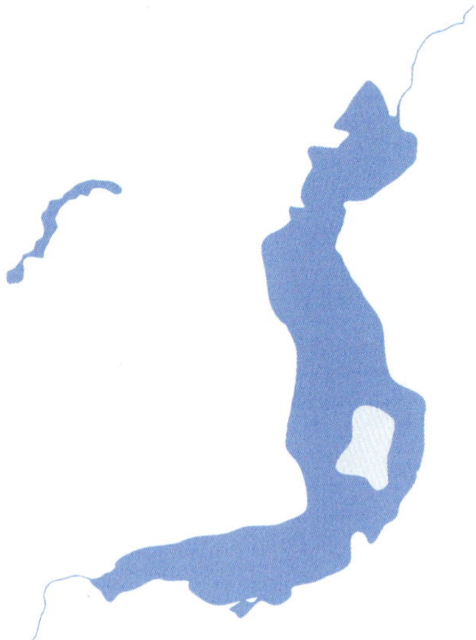

Die interessantesten Ziele am **Lago d'Iseo**

Lombardei, Italien

Zwischenräume Verlag

Iseosee

Lake Iseo

Lago d'Iseo

Sebino

Lago d'Iseo

Lago Sebino

Iseosee

Lago d'Iseo

Iseomeer

INHALTSVERZEICHNIS

INHALTSVERZEICHNIS

Hafen bei Pilzone

Im September leeren sich die Liegeplätze langsam. Auch bei der **Bootsvermietung** bereitet man sich auf die **Winterpause** vor, die Boote kommen in die Halle.

Zwischen Marone und Pisogne

Die Winde fallen von den steil abfallenden Felswänden direkt aufs Wasser. **Fun pur für Surfer und Kiter**.

Die Jugend von Iseo

Etwas **abseits vom großen Rummel** kennen die Jugendlichen ihre Plätzchen. Wenn der See im Sommer von Besuchern geflutet wird, genießen sie ein bisschen Ruhe.

Riva in der Heimat

Nur noch selten sieht man eine **original Riva** in einem Hafen am Iseosee. Umso schöner der Anblick hier in Iseo. Zuhause ist das Boot eigentlich in Sarnico.

Isola di Loreto

In Privatbesitz der **Waffenfirma Beretta,** ist ein Betreten des schönen und gepflegten Eilands leider unmöglich - aber mit dem Boot kann man sie umrunden!

DER ISEOSEE

Die Römer nannten ihn einst Lacus Sebinus: den **Lago d'Iseo**, mit 65,3 km^2 der sechstgrößte See Italiens. Er hat längst nicht die touristische Bekanntheit, die der Gardasee oder der Lago Maggiore vorweisen können. Auch der Comer See ist weit populärer. Über die Gründe dafür kann nur spekuliert werden: zum einen mag es daran liegen, dass sich die Provinzen Brescia und Bergamo nicht auf ein gemeinsames Marketing-Konzept einigen können, zum anderen an der hiesigen Infrastruktur, die den Ansprüchen der Gäste häufig nicht genügt. Vielleicht soll auch einfach verhindert werden, dass sich das gesamte Leben der Anrainer nur noch um den Tourismus dreht, die Grundstückpreise folglich ins Unermessliche steigen und sich die Region ähnlich anderer Urlaubshochburgen nachhaltig (nicht immer positiv) verändert. **Denn in der Tat geht es am Iseosee sehr ruhig zu**, große Attraktionen fehlen und die Werbemaschinerie läuft bescheiden. Dass die Besucherzahlen in den letzten Jahrzehnten trotz allem eine positive Entwicklung aufzeigen, liegt zweifelsohne an dem, was See und Umgebung zu bieten haben: eine grandiose, vielfältige und wenig berührte Natur, Urlaub jenseits des Massentourismus, und das zu noch relativ günstigen Preisen.

Der Iseosee weist eine auffallend interessante Uferlinie auf: von steil abfallend im Nordwesten bis sanft ansteigend im Südosten und Süden. **Zwischen Marone und Pisogne** sowie auf der gegenüberliegenden Seeseite beeindrucken fast senkrechte Felsformationen mit abenteuerlichen Wegen am Ufer und in der Höhe. Im Süden laufen die Berge allmählich aus, und schon nach kurzer Zeit erinnert nichts mehr an die mächtigen Alpen im Norden. Entsprechend leicht haben es die warmen Luftströmungen aus der norditalienischen Tiefebene, in die Täler rund um den See zu gelangen und so früh für die ersten warmen Tage des Jahres zu sorgen. **Mit Lovere, Pisogne und Sarnico** liegen drei größere Siedlungen an den Mündungen des Flusses Oglio, der sich vom Valcamonica kommend im Norden in den See stürzt und ihn im Süden bei Sarnico ganz ruhig wieder verlässt. **Das im Süden liegende Iseo gibt dem**

Val Camonica
Felsmalereien
Val Camonica
Costa Volpino
Lovere
Pisogne
Lago di Endine
Riva di Solto
Valle di Freddo
Endine Gaiano
Piramidi di Zone
Vellio
Zone
Lago d'Iseo
N
Marone
Tavernola
Carzano
Siviano
Sale Marasino
Val
Mont'Isola
Peschiera
Predore
Sulzano
Sarnico
Riva
Gardone
Val Trompia
Sebino
Pilzone
Paratico
Clusane
Oglio
Iseo
olaveno
Franciacort
Torbiere
Corte Franca
Provaglio
Br

Lago seinen Namen und ist die unangefochtene Nr. 1 am See, mit 8 000 Einwohnern sowieso die größte Gemeinde und zudem mit einem guten Angebot an Hotels und anderen Unterkünften ausgestattet. Aber auch die kleineren Orte, die sich hauptsächlich an der Brescia-Seite finden, können mit den 'Großen' mithalten. Meist bieten sie gute Einstiege für attraktive Strecken zum Wandern und Bergsteigen und hübsch am Hang gelegene Unterkünfte mit schönen Blicken auf das Treiben unten in den Städten oder auf der großen Isola. In der im Süden anliegenden Weinbauregion **Franciacorta** hat sich in den letzten Jahrzehnten ein für die Region bedeutender Wirtschaftszweig entwickelt, der mit hoch dekorierten Schaumweinen von sich reden macht. Weindegustationen und Urlaub auf dem Weingut sind inzwischen ein fester Bestandteil des lokalen Angebots, zahlreiche, meist gehobenere Unterkünfte haben sich etabliert. Auch die Zahl der Campingplätze ist hoch, vor allem im Süden liegen sie meist direkt am See und bieten einen brauchbaren Service. Ferienwohnungen gibt es in jedem noch so kleinen Ort, am meisten in Riva di Solto im Nordwesten des Sees. Aufgrund der Lage muss man hier allerdings auf Abendsonne verzichten, diese verschwindet im Frühjahr und Herbst relativ zeitig hinter den Bergen. Wer nicht unbedingt am See wohnen möchte, wählt eine Unterkunft ein paar Höhenmeter weiter oben und wird mit längeren Sonnenzeiten und Traumblicken auf See und Umgebung belohnt. Hotels gibt es in allen Kategorien, die Preise reichen von günstig bis astronomisch, für Kurzaufenthalte die beste Wahl. Wen es in die Berge zieht, der wählt einen der zahlreichen Agriturismo-Betriebe, meist ehemalige landwirtschaftliche Anwesen, die günstige Unterkünfte und teilweise selbst erzeugte Hausmannskost bieten.

Verkehrsberuhigtes Iseo

Sehr schön flaniert man durch den Ortskern von Iseo. Immer wieder trifft man auf **hübsche Geschäfte**, alte Kirchen und co.

Wirtschaftlich ist die Gegend von kleinen Handwerksbetrieben, Landwirtschaft und dem Tourismus geprägt. Die Römer brachten einst die Olivenbäume mit in den Norden, die bis heute ein wichtiger Ertragszweig für die Menschen am See sind. **Die Qualität der Oliven und der daraus resultierenden Öle ist überdurchschnittlich**, zahlreiche Feste (z.B. in Marone) ehren die schwere und anspruchsvolle Ölerzeugung. Aus den letzten Jahrhunderten haben sich noch viele kleine Handwerksbetriebe erhalten, die die Kunst der Holz- und Metallverarbeitung verstehen und wesentlich zum wirtschaftlichen Erfolg der Region beitragen. Weltruhm haben zwei Firmen erreicht, die hier am Iseosee angesiedelt sind: **die Firma Riva** mit ihren unvergesslichen und legendären Holzbooten und **die Firma Beretta**, die mit Waffentechnik schon früh die Welt erobert hat und heute zu den erfolgreichsten Pistolenherstellern gehört. Beretta ist im Nachbartal, dem Val Trompio, angesiedelt, die Firma besitzt auch eine der kleinen Insel im Iseosee und ist einer der wichtigsten Arbeitgeber der Region. Für pure Eleganz, Kraft und Lebensart stehen seit jeher die unverwechselbaren und oft erfolglos kopierten Mahagoni-Boote der Firma Riva aus Sarnico. Ganz klein und einfach begann die Erfolgsgeschichte um den Bootsbauer Carlo Riva vom Comer See, der einst nach Predone kam und zu Weltruhm gelangte. **Gut erhaltene Boote werden heute zu Höchstpreisen gehandelt**.

Wochenmarkt bravissimo!

Was ist ein Italienurlaub ohne den Besuch des '**Mercatino settimanale**' - in den Ferien absolut en vogue!

Kulturell zeigt sich der Iseosee vielseitig, aber bodenständig. Neben den vielen Heiligen-Festen werden hauptsächlich saisonale Events zu Ehren der landwirtschaftlichen Erzeugnisse gefeiert: Fisch, Oliven, Käse, Wein und Honig, um nur einige Beispiele zu nennen. Darbietungen der regionalen Produkte und ein musikalisches Rahmenprogramm unterhalten dabei zahlreiche Gäste. Meist werden in den teilnehmenden Restaurants komplette Themen-Menüs angeboten. Viel Wert legen die Heimatvereine der Kommunen auf die Darstellung ihrer Geschichte. Immer mehr richtig gut gemachte Infotafeln stehen an den historischen Orten und informieren über die wichtigsten Ereignisse der letzten Jahrhunderte. So ist die Strecke entlang eines alten Handelswegs der '**Antica Valeriana**' nicht nur vorbildlich ausgeschildert, sondern auch mit unzähligen Infos zu Bauwerken und anderen geschichtlichen Details versehen. Das hat in Italien noch Seltenheitswert!

Wie an jedem oberitalienischen See verbindet eine leistungsstarke öffentliche Schifffahrt die meisten Ortschaften des Iseosee regelmäßig und verlässlich. Die mittelgroßen Schiffe eignen sich ganz besonders, den See vom Wasser aus kennenzulernen, bei Gefallen steigt man einfach aus und später wieder problemlos zu (Fragen Sie unbedingt nach den Tages- und Mehrtageskarten für den See und die Region). Mehrmals täglich wird die **Hauptverbindung Pisogne – Isola – Iseo – Sarnico** bedient, unterwegs werden die meisten kleineren Orte angefahren. Trotzdem sollte man immer einen Fahrplan mitführen (liegt überall aus), man vermeidet so schweißtreibende Sprints zur Anlegestelle und teure Wassertaxifahrten mit der privaten Konkurrenz.

Zusätzlich verläuft an der Ostseite des Sees die alte **Bahnlinie von Brescia bis ins Valcamonica**, die seinerzeit eine technische Meisterleistung war und die wirtschaftliche Entwicklung der Region rasant beschleunigte. Im Stundentakt fahren die Regionalzüge von Süd nach Nord und umgekehrt und nehmen unterwegs z.B. Etappenwanderer wieder zurück an ihren Ausgangspunkt. Die Preise sind sehr human und die Tickets können auch direkt im Zug beim Schaffner gelöst werden.

INFORMATIONEN | **Die offizielle Webpräsenz** für den Iseosee findet sich unter www.lagodiseo.org; die Seite ist nicht sehr schön, aber bietet interessante Tipps für die Urlaubsplanung. Im deutschen Sprachraum sorgt die Website **www.iseosee-info.de** für den nötigen Wissenszuwachs, mit Tipps zu Ausflügen, Hotels und anderen praktischen Dingen. Monte Isola-Fans besuchen **www.tuttomonteisola.it** - leider nur auf Italienisch, dafür aber sehr ausführlich und mit viel Liebe geführt. Wer Infos lieber direkt abfragt, wendet sich am besten an die örtliche Touristen-Information in Iseo (dort spricht man auch Deutsch). Zu finden ist das Büro direkt an der Uferpromenade ca. 150 m nördlich des kleinen Hafenzentrums.

DIE URLAUBSREGION ISEOSEE - FRANCIACORTA - VALCAMONICA

Der Iseosee ist Teil einer abwechslungsreichen Landschaft inmitten der Lombardei, der wirtschaftlich so bedeutenden Region Italiens. Wie so oft in der Gegend herrscht auch hier eine nahezu perfekte Symbiose des Seegebiets mit den umliegenden Bergen: **eine liebliche Landschaft mit viel Kultur und Lebensart**. Der Lago d'Iseo muss sich also überhaupt nicht vor den berühmten Nachbarseen Lago di Garda oder Lago di Como verstecken. Interessant sind die mannigfaltigen Ausflugsmöglichkeiten dieser Region z.B. **nach Bergamo, Brescia, nach Verona oder in die abwechslungsreiche Bergwelt**.

DIE LOMBARDEI

Die Lombardei ist mit knapp 24 000 km² zwar nur die viertgrößte Region Italiens, hat aber fast 10 Millionen Einwohner und ist damit die am dichtest besiedelte Region des Landes. Sie umfasst insgesamt zwölf Provinzen und grenzt im Norden an die Schweiz. **Hauptstadt der Lombardei ist Mailand**. Die Region gilt als bedeutendste Wirtschaftsregion in Italien und wird vor allem durch Banken und den Handel geprägt. Das verarbeitende Gewerbe spielt ebenfalls eine große Rolle, vor allem in der wichtigen Industriemetropole Brescia südlich des Lago d'Iseo. Aus diesem Grund liegt die Arbeitslosenquote auch regelmäßig deutlich unter dem italienischen Durchschnitt. Landschaftlich zeichnet sich die Lombardei durch eine enorme Vielfalt aus: Während sie im Norden alpine Regionen umfasst, herrscht weiter südlich in der flachen Poebene bereits ein völlig anderes Klima, sodass dieses Gebiet auch den Beinamen „Kornkammer Italiens" trägt: Weizen und Mais gedeihen hier besonders gut. Viele große Seen sind in der Lombardei zumindest zu einem Teil zu finden, so unter anderem der Lago Maggiore, der Comer See, der Iseosee und der Gardasee.

Die Region rund um den Gardasee ist zudem ein äußerst bekanntes Weinanbaugebiet: Vor allem der **Bardolino und der Valpolicella** erfreuen sich in ganz Europa großer Beliebtheit. Im Kommen ist das Weinanbaugebiet 'Franciacorta' in unmittelbarer Nachbarschaft zum Iseosee. Hier werden seit ca. zehn Jahren einige der besten Schaumweine Italiens produziert. Die größten Städte in der Region sind Mailand, Bergamo, Brescia, Monza und Pavia. Als wirtschaftlicher Motor des Landes spielen sie eine äußerst große Rolle. Dennoch ist die Lombardei auch reich an Sehenswürdigkeiten, Kunstschätzen und landschaftli-

Ort der Olive - Marone

Den Blick auf den oberen Ortsteil von Marone genießt man am besten vom Wanderweg '**Valeriana**' aus, der den Großteil der östlichen Seeseite entlang führt.

chen Schönheiten. Vor allem die zahlreichen historischen Stadtkerne ziehen Jahr für Jahr unzählige Touristen aus der ganzen Welt in ihren Bann. Hier sind vor allem die imposanten Sakral- und Profanbauten beliebte Anlaufpunkte. Auch die Natur zeigt sich in der Lombardei von ihrer schönsten Seite. Mehr als 20 regionale Naturparks und über 80 kleinere Naturschutzgebiete präsentieren eine atemberaubende Landschaft mit einer vielfältigen Flora und Fauna. Zahlreiche Flüsse durchziehen die Region, besonders bekannt sind die Adda, der Lambro und der Orio: Sie alle entspringen in der reizvollen Alpenregion der Lombardei. **Bekannte Thermalbäder** wie San Pellegrino oder Bormio, **attraktive Skigebiete** und natürlich die **eleganten Einkaufsmeilen** in der Modemetropole Mailand sind weitere Gründe, warum die Lombardei als Feriendestination immer beliebter wird. Auf Tradition und Brauchtum legen die Menschen in der Lombardei großen Wert. Viele historische Feste finden in den Städten und Orten statt, vor allem zu Ehren der Schutzheiligen. Eindrucksvollstes Beispiel ist das Fest zu Ehren des Mailänder Schutzpatrons „Sant'Ambrogio", das auch die Menschen aus weiter entfernten Städten und Orten anlockt. Ein Ereignis von enormer gesellschaftlicher Bedeutung ist außerdem die alljährliche Eröffnung der Saison in der Mailänder Scala Anfang Dezember. Kulinarisch hat die Lombardei ebenfalls eine Menge zu bieten. Bekanntestes Gericht ist wohl das Mailänder Schnitzel, daneben spielen aber auch Risotto mit Safran sowie eine köstliche Eiersuppe aus Pavia eine große Rolle. Weltbekannte Käsesorten stammen ebenfalls aus dieser Region, man denke nur an den Gorgonzola oder den Mascarpone.

INFORMATIONEN | **Die offizielle Internetseite** der Lombardei findet man unter www.regione.lombardia.it. Auf Italienisch und Englisch kann man sich über nahezu alle Belange der Provinz informieren. Touristisch interessanter geht es auf www.turismo.regione.lombardia.it zu, alle Regionen und Sehenswürdigkeiten werden ausführlich und mit viel Infomaterial (auch zum Download) und Bildern vorgestellt, eine wirklich vorbildliche Webseite aus Italien.

Ortsteil von Pisogne

Die Kiefern machen sich gut als Kulisse unten am See. Dahinter geht es steil bergauf in die **Bergwelt oberhalb von Corto Maltese**.

So geht Sport am Lago!

Es ist unbekannt, ob **die zwei Gondolieri** für die nächsten Wettkämpfe trainieren oder einfach nur Spaß haben an der traditionellen Rudertechnik.

DIE PROVINZ BERGAMO

Politisch ist der Iseosee zweigeteilt: der westliche Teil gehört zur Provinz Bergamo, der östliche zu Brescia, die Grenze liegt genau in der Mitte des Sees. **Die Bergamo-Seite** ist bis auf das Gebiet um Sarnico die unzugänglichere der beiden, die Felsmassive zeigen sich schroff und ragen an vielen Stellen steil auf. Interessant ist das Riserva Naturale Valle del Freddo, sozusagen die Kältekammer der Region und das einzige Naturschutzgebiet der näheren Umgebung; es liegt an einer nördlichen Bergflanke im Valle del Fontane zwischen Lovere (am Iseosee) und dem Lago d'Endine, einem ebenfalls sehenswerten kleinen und schmalen, in großen Teilen naturbelassenen Bergsee mit gleichnamigem Naturpark. Ein weiterer hoch gelegener Naturpark findet sich weiter südlich oberhalb von Tavernola Bergamasca. Nicht minder interessant ist der Parco dell`Alto Sebino westlich von Costa Volpino. Allen gemeinsam ist ein breites Wanderwegenetz mit unterschiedlichen Schwierigkeitsgraden.

Das **Wappen der Provinz Bresica** zeigt standesgemäß den **Adler für Stärke** und den **Hirsch für Frieden und Harmonie**. Die Krone symbolisiert den Herrschaftsanspruch sowie Macht. Die Farben stehen ebenfalls für **Stärke und Stolz**.

BERGAMO - STADT UND PROVINZ

Zwischen den letzten Alpenausläufern und der fruchtbaren Po-Ebene gelegen, war die Gegend um Bergamo schon früh ein für Siedler attraktives und begehrtes, später auch häufig umkämpftes Territorium. Ab etwa dem 5. Jahrhundert vor unserer Zeitrechnung war die Region vom keltischen Stamm der Cenomani dauerhaft besiedelt, 300 Jahre später eroberten die Römer die Stadt und tauften sie „**Bergonum**". Nach Überfällen und Plünderungen durch die Hunnen und Herrschaft der Langobarden, Franken und Lombarden zwischen dem 5. und 13. Jahrhundert, gelangte Bergamo in die Regierungsobhut Mailands und danach sehr viel längere Zeit unter die Venedigs.

Das 19. Jahrhundert war durch die Regentschaft Napoleons und der Habsburger sowie des Königreichs Sardinien geprägt, eine bedeutende Rolle spielten Bergamos Bewohner im Rahmen der italienischen Freiheits- und Einigungsbewegung „**Risorgimento**" (Wiedererstehung) beim „**Zug der Tausend**" zur

Befreiung Süditaliens im Jahr 1860, wo diese die größte teilnehmende Gruppe stellten. Heute hat die Stadt Bergamo rund 120 000 Einwohner. Neben der vielfältigen Industrie (Elektro, Chemie, Mineralien, Eisen und andere Metalle, sowie Marmor und Textil) sind Bergamo und die gleichnamige Region auch landwirtschaftlich geprägt. Nicht von ungefähr ist die Stadt für ihre Polentagerichte und den aromatischen Taleggio-Weichkäse bekannt, regional hauptsächlich angebaut werden Getreide wie Mais und Reis. Weinanbau, Viehzucht und Weidewirtschaft sind ebenso bedeutsam wie die intensive Jagd auf Wild in den ausgedehnten Wäldern der Umgebung.

Die von der venezianischen Stadtmauer aus dem 16. Jahrhundert umgebene, unter Denkmalschutz stehende Altstadt von Bergamo beherbergt auf relativ kleinem Raum zahlreiche historische architektonische Attraktionen, weshalb sie sich auch bestens als Tages- oder Wochenendausflug für Kultur interessierte Urlauber anbietet. Der mittelalterliche Stadtkern Città Alta (Oberstadt) samt seiner vier Stadttore Sant' Agostino, San Giacomo, Sant' Alessandro und San Lorenzo (Giuseppe Garibaldi) ist heute weitgehend verkehrsberuhigt und am bequemsten über die Seilbahn („Funicolare") vom Bahnhof an der Viale Vittorio Emanuele aus erreichbar. Oben angekommen erwarten einen nahezu zeitlos konservierte Plätze wie die Piazza Mercato delle Scarpe (Platz des Schuhmarktes), die Piazza Vecchia (Alter Platz) mit dem Contarinibrunnen, der Palazzo della Ragione (Palast der Vernunft) sowie der Stadtturm und die einst für den Markt geplante Piazza Mascheroni. Zahlreiche Bauten der Romanik, des Barock und der Renaissance wie die Basilika Santa Maria Maggiore aus dem 12. Jahrhundert, die Cappella Colleoni in Bergamo (Grabmal des lokalen Adeligen Bartolomeo Colleoni aus dem 15. Jahrhundert), und der

Die Altstadt Bergamos gehört zu den schönsten der näheren Umgebung. Die alte Stadtmauer ist noch weitgehend erhalten und zu Fuß ganz gut erkundbar.

Dom von Bergamo aus dem 16. Jahrhundert liegen nur wenige Gehminuten voneinander entfernt. Ebenfalls sehenswert sind **die Kirche San Rocco von 1513** und der Hügel S. Eufemia, wo einst die Kelten lebten und die Römer eine große Altaranlage errichteten. Bergamo verfügt darüber hinaus auch über mehrere empfehlenswerte Museen, darunter die im Jahr 1793 eröffnete **Accademia Carrara mit ca. 1 800 Bildern aus dem 15. bis 19. Jahrhundert**. Einem Sohn der Stadt, dem Musiker und Komponisten Gaetano Donizetti (1797-1848) ist das gleichnamige Museum gewidmet. Im naturwissenschaftlichen Museum „Enrico Caffi" kann man ein 700 000 Jahre altes Hirschskelett und die große Saurierabteilung bewundern; das in der Zitadelle untergebrachte archäologische Museum glänzt hingegen mit Ausstellungsstücken ab und aus dem Neolithikum.

Doch Bergamo als altehrwürdiges wie auch aktuelles Herz der Lombardei schwelgt bei Weitem nicht nur in seiner bewegten und ereignisreichen Vergangenheit. Die Stadt, die sich seit dem Mittelalter gerne an ihrer Nachbarin und tendenziellen Rivalin Brescia weiter südlich misst, hat weitaus mehr vorzuweisen. So ist auch die **Città bassa** (Unterstadt), das moderne Zentrum der Stadt, reich an sehenswerten Bauwerken, Plätzen und Straßen in den einst eigenständigen Dörfern und heutigen Stadtteilen Borgo Palazzo, Borgo San Leonardo und Borgo Santa Caterina. Zu nennen sind hier vor allem der bei den Einheimischen wie Gästen gleichermaßen beliebte Spazierweg Sentierone, der Torre dei Caduti (Turm der Gefallenen), die Kirche San Bartolomeo und die Propyläen von Porta Nuova an der Viale Vittorio Emanuele. Ebenfalls im unteren Teil Bergamos befinden sich das Touristikinformationszentrum im Urban Center oder die Piazzetta Santo Spirito an der Via Pignolo mit ihrer kleinen Kirche. Von dort aus führt die elegante Einkaufsstraße Via Tasso ins Zentrum: hier präsentieren sich vielerlei Läden, Geschäfte und Boutiquen in der Via Venti Settembre, um die Piazza Pontida sowie in der Via Sant'Alessandro und der Via Botta. Ganz in der Nähe des Stadtteils Colognola liegt Bergamos Flughafen Il Caravaggio International Airport. Redona wiederum ist für den 546 m hohen Berg Maresana und die zahllosen Esskastanienbäume bekannt.

Doch das Umland von Bergamo ist auch ein populäres Ski- und Wintersportgebiet: die beiden hoch gelegenen Viertel Valverde und Valtesse gelten im Winter als recht schneesicher. Alpinski, Langlauf, Schneeschuhwandern, Snowboarding und Eisklettern kann man an vielen Stellen im nahen Orobie-Gebirge ausüben, zum Beispiel in Foppolo, Carona, San Simone, Piazzatorre, Piani Dell'Avaro di Cusio, Oltre il Colle, Branzi und Valtorta. Überregional bekannt ist die gut 40 Meter hohe und martialisch „Damokles" benannte Eissäule bei Valleve im oberen Valle Brembana. Weitere schöne Ausflugsziele in der Nähe von Bergamo sind **die Stadt Treviglio mit der Basilika San Martino aus dem Jahr 1008**, Romano di Lombardia mit seiner imposanten Festungsanlage Rocca aus dem 12. Jahrhundert, die Gemeinde Albino mit der Seilbahn bis nach Selvino, der gleichnamige Herkunftsort des weltberühmten Malers (Mi-

Standseilbahn in die Altstadt **'Città Alta'**

chelangelo Merisi da) Caravaggio sowie das Städtchen **Stezzano mit seinen vielen prächtigen Villen aus dem 17. bis 19. Jahrhundert**. In Osio Sotto können diverse Kirchen besichtigt werden, Nembro ist wegen seiner romanischen Brücke aus dem späten 16. Jahrhundert bekannt und Ponte San Pietro am Fluss Brembo ist häufig das Ziel von Wildwasserkanuten. Ebenfalls lohnende Ziele sind der romanische Park von Almenno mit der Brücke von Clanezzo und dem Tempel von San Tomè. Castelli Calepio lockt mit seinem mittelalterlichen Mönchskloster und der Burg. Treviolo, Cologno al Serio und Martinengo sind ruhige und beschauliche Kleinstädte, in denen man aber in den gemütlichen Trattorias und Ristorantes die typischen regionalen Spezialitäten genießen kann: die Cotechinowurst, den rohen Schinken aus Valle Seriana, das Olivenöl „Olio extravergine Sebino DOP", Kekse von San Pellegrino, den Bergkäse „Formai de mut" und zum Dessert das **in Bergamo erfundene Stracciatella-Eis**. Typische Speisen mit viel Tradition aus Bergamo sind weiterhin die Fleischpastete Casoncelli, die Teigtaschen Scarpinocc de Par, Barschfilets mit dem Käse Formai de Mut sowie Hase nach Art des Val Seriana mit Thymian, Salbei, Basilikum, Majoran, Lorbeer und Wacholderbeeren.

Basilika San Martino in Treviglio

INFORMATIONEN | In Bergamo gibt es zwei Tourist-Büros, eines in der Oberstadt und eines in der Unterstadt. I.A.T. Bergamo - **Città Alta** (Oberstadt) Via Gombito, 13. 24129 Bergamo. T +49 (0)35 242226. turismo@comune.bergamo.it. Öffnungszeiten: täglich 9-12.30 und 14-17.30 Uhr (Neujahr und Weihnachten geschlossen). Bergamo - **Città Bassa** (Unterstadt) Ufficio Informazioni ed Accoglienza Turistica Viale Papa Giovanni XXIII, 57. 24129 Bergamo. T +39 (0)35 210204. turismo1@comune.bg.it. Öffnungszeiten: täglich 9-12.30 und 14-17.30 Uhr (Neujahr und Weihnachten geschlossen). Sehr informativ und schön gestaltet zeigt sich die Internetseite der Stadt Bergamo für Touristen unter **www.turismo.bergamo.it**. Mit der **Bergamo-Card** geht es an 1, 2 oder mehreren Tagen quasi kostenfrei durch die Stadt: Fahrten mit den öffentlichen Verkehrsmitteln sind frei und die Museen kostenlos zu besuchen. Die Homepage der Provinz Bergamo ist unter www.provincia.bergamo.it zu finden.

Das Wappen der Provinz Bresica beinhaltet zwei **Adler** (Stärke), **Sterne** (göttliche Qualität), **zwei Löwen** für unsterblichen Mut und die **Krone für den Herrschaftsanspruch**.

DIE PROVINZ BRESCIA

Auch auf der Brescia-Seite wird Natur großgeschrieben: Allein zwei Naturparks sind dort zu finden, in Iseo und in Zone. Am südlichen Ende des Lago d'Iseo schließt sich das Riserva Regionale Torbiere del Sebino d'Iseo in unmittelbarer Nähe zu Iseo an. Das Wasser-Feuchtgebiet dient im Frühjahr zahlreichen seltenen Wasservögeln als Brut- und Aufzuchtgebiet, die Ornithologen warten in sichtgeschützten 'Bunkern' auf die scheuen Gäste. Auch geologisch interessant ist der Naturpark in der Nähe des Bergortes Zone oberhalb von Marone. Der 21 ha große Riserva Regionale Piramidi di Zone ist über einen Rundweg zu besichtigen.

BRESCIA - STADT UND PROVINZ

Tiefe Seen und alpine Gebirgsregionen, flache Ebenen und sanfte Hügel – die vielfältigen Landschaftsformen sowie kunst- und kulturhistorisch wertvolle Stätten machen die Provinz Brescia mit ihrer gleichnamigen Hauptstadt zu einem Urlaubsgebiet par excellence. Die gute lombardische Küche und hervorragende regionale Weine runden das Profil der größten Provinz der italienischen Lombardei ab.

Brescia – die Stadt am Rande der Poebene
Die Sehenswürdigkeiten und der Charme der Kunststadt Brescia möchten zu Fuß erlebt werden. Die **Piazza della Loggia**, der historische Mittelpunkt der Altstadt, lässt den starken Einfluss Venedigs erkennen, unter deren Herrschaft Brescia von 1426 bis 1797 stand. Der Palazzo della Loggia mit einer Fassade aus hellem Botticino-Marmor, den Skulpturen und dem Laubengang spielte seit jeher eine zentrale Rolle für die Geschicke der Stadt. Der Uhrturm mit den zwei eisernen Männern, die die Stunden auf der Glocke anschlagen, überragt die Ostseite des rechteckigen Platzes. An der Südseite steht das Leihhaus Monte di Pietà mit einer Loggia im venezianischen Stil; durch zahlreich ange-

brachte römische Inschriften das erste nachweisbare Lapidarium Italiens. Die Piazza Paolo VI bildet das religiöse Zentrum von Brescia. Auch der spätgotische Neue Dom wurde aus Botticino-Marmor errichtet. Seine 82 m hohe Kuppel überspannt einen schlichten Innenraum von erhabener Schönheit, der Meisterwerke beherbergt. Dreiundzwanzig Stufen abwärts führen in den aus Stein errichteten, sehr sehenswerten Alten Dom im Stil der europäischen Romanik. Im Inneren des runden Zentralbaus, der so genannten Rotonda, stützen Rundbögen die halbkreisförmige Kuppel. Die Gemälde im Chor, vor allem die „Himmelfahrt Mariä" schuf Alessandro Moretto, der um 1490 in Brescia geboren wurde. Vorbei an einem der besterhaltenen lombardischen Kommunalpaläste, dem romanisch-gotischen Palazzo del Broletto führt der Weg zum Bischofspalast und zur Biblioteca Queriniana, wo wertvolle Drucke, handgeschriebene Bände und Manuskripte für die Öffentlichkeit zugänglich sind.

Von der kleinen Piazza Tito Speri beginnt der Aufstieg zum Castello. Von der mächtigen Festungsanlage und der ausgedehnten Parkanlage genießen Sie einen einmaligen Rundblick über Brescia. Zurück in der Stadt stehen zwei Besichtigungspunkte auf dem Programm, die auf der Liste des UNESCO-Weltkulturerbes stehen: zum einen die ehemalige **Klosteranlage San Salvadore** mit den Kirchen San Salvadore, Santa Maria und Santa Giulia; zum anderen das **Forum Romanum** mit dem teilweise rekonstruierten **Tempio Capitolino**. In dem 72 n. Chr. errichteten Herkulestempel und dem modernen Anbau ist heute das Museo Romano mit bedeutenden archäologischen Funden untergebracht. Von den vielen Museen ist die Pinacoteca Tosio Martinengo unbedingt sehenswert. Im Mittelpunkt steht dort die Brescianer Malschule des 15. – 16. Jahrhunderts. Ein Ausflug auf den 875 Meter hohen Monte Maddalena wird an Tagen mit guter Fernsicht mit einem grandiosen Rundblick auf die Voralpen, die Poebene und den Gardasee belohnt.

Die sehr gut erhaltene Anlage lohnt einen Besuch. Von der mächtigen Festungsanlage und der ausgedehnten Parkanlage genießen Sie einen einmaligen Rundblick über Brescia.

Die Ebene von Brescia

Die südlich von Brescia liegende **Pianura Bresciana** wird vom Oglio durchflossen und durch die Hügel der Franciacorta und die Moränenhügel des Gardasees begrenzt. Die Straße der Burgen und Schlösser führt durch die fruchtbare, meist landwirtschaftlich genutzte Ebene von Brescia, die einen Teil der Poebene bildet. Malerisch auf den letzten Ausläufern der Gardaseemoränen liegt das Städtchen Montichiari, das von den mächtigen Mauern des Castello Bonoris überragt wird. Die Pfarrkirche Santa Maria Assunta beeindruckt durch ihre weithin sichtbare Kuppel und die prächtige Fassade. In Montirone empfiehlt sich die Besichtigung des Palazzo Lechi, der im 18. Jahrhundert im lombardisch-venezianischen Barock errichtet wurde. Die Pferdeställe sind der interessante Teil der Anlage: Vierundzwanzig Säulen mit olympischen Gottheiten trennen die Stellplätze. Auch Verolanuova zählt zu den wichtigen Zielen in der Ebene von Brescia. Der Palazzo Gambara mit seiner beeindruckenden Marmorbalustrade beherbergt das Rathaus, und die Innenräume sind zum Teil zugänglich. In der Gemeinde Borgo San Giacomo im Ortsteil Padernello liegt das imposante Castello Martinengo, das 1485 als Festungsanlage errichtet wurde.

Die Hügel der Franciacorta

Zu den schönsten Weinstraßen Brescias gehört die Franciacorta-Straße, die durch die sanft gewellten Hügelketten führt, welche das Hinterland des Iseo-Sees prägen. Die Dörfer Borgonato, Colombaro, Nigoline und Timolino bilden den Kern der Franciacorta. Die Rundtour durch das sonnenverwöhnte Weinparadies zieht die Hügel auf und ab und wird zu einer abwechslungsreichen Mischung aus landschaftlichen und kulturellen Erlebnissen, denn das Gebiet der Franciacorta ist reich an Klöstern, Kirchen und Villen. In den Kellereien reifen Rot- und Weißweine, und die Weingüter bieten ihre Weine zur Verkostung an.

Die drei Täler von Brescia

Nördlich vom Iseo-See führt eine Straße ins Valcamonica, eines der drei Haupttäler der Provinz Brescia. Zu den gemütlichen Städtchen im Calmonica-Tal zählen das Thermalbad Boario Terme sowie Cividate Camuno und Breno. In **Capo di Ponte** erzählt das vorrömische Bergvolk der Camuner in Tausenden von Felsbildern, die heute zum UNESCO-Weltkulturerbe gehören, von seinem Glauben, seinen Riten und seinem Alltag. **Ponte di Legno**, das bedeutendste Wintersportzentrum der Valcamonica, liegt im Nationalpark Stilfser Joch. Der Nationalpark erstreckt sich über vier italienische Provinzen und ist eines der größten Naturschutzgebiete der Alpen. Bewaldete Berghänge, Almen und hochalpine Gletscherregionen beheimaten die typische Tier- und Pflanzenwelt. Neben dem Valcamonica gehören auch das Val Sabbia und das Val Trompia zu den Tre Valli. Im Sabbia-Tal liegt der 10 km lange Lago d'Idro, der mit 318 m Seehöhe höchstgelegene See der Lombardei. Ein lohnendes Ziel am Westufer dieses Sees ist Anfo mit der venezianischen Burgruine Rocca d'Anfo. Auch der am Ostufer gelegene Ort Idro besticht durch die typisch italienische Atmosphäre, die rund um den See zu finden ist. Vom Bergdorf Bagolino in fast

800 Metern Höhe genießen Sie einen schönen Blick auf den Idro-See. Idyllisch wirkt das von der Mella durchflossene Trompiatal, das von Bergen mit einer Höhe von etwa 1000 Metern umgeben ist. Die traditionelle Schusswaffenindustrie machte die Stadt Gardone Val Trompia bekannt; ein Museum mit Waffensammlung informiert über das Gestern und Heute.

Der Gardasee

Der Gardasee ist zweifellos der bekannteste der oberitalienischen Seen. Das Urlaubseldorado wird unter anderem von unterirdischen Quellen gespeist, zum Beispiel von der Quelle Bojo: Sie tritt etwa 40 km östlich von Brescia bei der **Halbinsel Sirmione** hervor, die sich 4 km in den südlichen Gardasee hineinstreckt. Hier sprudelt reines Quellwasser vulkanischen Ursprungs aus einem Felsen am Grunde des Sees - in einer Tiefe von 19 m und mit einer Temperatur von 69,9° C. Der Besucher kann es in der großen modernen Thermallandschaft direkt am See genießen. Die Hauptsehenswürdigkeit Sirmiones, das unversehrte **Scaliger-Schloss** aus dem 13. Jahrhundert überragt die Altstadtgassen. Das Festungsbauwerk mit seinen zinnengekrönten Mauern und Türmen, den Innenhöfen und Zugbrücken gilt als Musterbeispiel des Burgenbaus der Scalinger. Eine altertümliche Gasse führt zur Pfarrkirche Santa Maria Maggiore aus dem 14. Jahrhundert; interessant sind die Madonnenstatue, die Kanzel, die Orgel und die Gelübde-Fresken. Etwas weiter nördlich verbirgt sich auf den Klippen der Halbinsel **die Grotte di Catullo**. Von den ausgedehnten Ruinen einer römischen Villa genießen die Besucher einen weiten Blick auf den See, die Brescianer Riviera und die Bucht von Garda vor der Kulisse des **Monte Baldo.** Die älteste Kirche San Pietro in Marvino zeigt wertvollen Freskenschmuck, unter anderem pausbackige, Posaune spielende Engel. In der sanften Hügellandschaft südlich des Gardasees wachsen süffige Weine auf fruchtbarem Moränenboden. Idyllische Dörfer lassen den Trubel des Lago vergessen und zur Ruhe finden. **Die Brescianer Riviera** liegt im Südwesten des Gardasees: hier ließen die wohlhabenden Bürger aus Mailand und Brescia ihre Villen bauen. Die Ferienorte **Desenzano, Salò, Gardone Riviera und Toscolana-Maderno** liegen inmitten der mediterranen Natur und ziehen mit architektonischen Kleinoden, prunkvollen Villen und üppigen zypressenbestandenen Parks Scharen von Touristen an. **Ab Gargnano beginnt der charakteristische, atemberaubende Teil der westlichen Uferstraße**. Senkrecht zum See abstürzende Felsen werden von der Gardasana occidentale durchschnitten. Nach 18 km Fahrt über Brücken, durch Tunnel und Galerien mit einem steten Wechsel zwischen Hell und Dunkel ist Limone sul Garda der letzte Ferienort am Ufer des Gardasees, der zur Provinz Brescia gehört. Das malerische Städtchen liegt zwischen Olivenhainen und Zitronenkulturen und erfreut sich im Schutz hoher Felswände liegend eines besonders milden Klimas. Ein lohnenswerter Ausflug führt durch eine reizvolle Olivenlandschaft auf die Hochebene von Tremosine und weiter nach Tignale. Die Wallfahrtskirche Madonna di Monte Castello erhebt sich auf steilem Felsen in 700 m Höhe über den Gardasee.

Der nördliche Gardasee

Diesen Blick genießt man vom **Castello Scaligero in Malcesine**. Der Ort gehört zu den meist besuchtesten des Gardasees und platzt im Sommer aus allen Nähten. Sehenswerte Altstadt.

Das Wanderparadies des Parco Alto Garda Bresciano
Dieser Naturpark lockt mit vielen Naturschönheiten und empfiehlt sich für Wanderungen aller Schwierigkeitsgrade. Eine Herausforderung an die gut trainierte Beinmuskulatur ist **der steile historische Pfad**, auf dem man in das Bergdorf Via Porto gelangt. Die Mühen des Aufstiegs über in Fels gehauene Stufen, enge Schluchten und tosende Wasserfälle werden durch grandiose Ausblicke nach Osten und Süden belohnt – auf den See, den Monte Baldo, die kleinen Städtchen und die mit Steineichen, Zypressen und Lorbeer bewachsenen Hänge.

INFORMATIONEN | Die Stadt Brescia lässt sich nicht lumpen und bietet mit der Infoseite unter **www.bresciatourism.it** viele gut aufbereitete Informationen in fünf (!) Sprachen an. Auch dem Iseosee, der Franciacorta und dem Val Camonica wird Raum eingeräumt, die Vorschläge für weitere Entdeckungstouren in der Region sind interessant. **Das Tourist-Office ist im Palazzo Martinengo an der Piazza del Foro 6 untergebracht.** T +39 (0)30 3749916. iat.brescia@provincia.brescia.it. Öffnungszeiten: Mo-So 10-18 Uhr. Die Homepage der Provinz Bergamo ist unter **www.provincia.brescia.it** zu finden.

DIE BERGE UND TÄLER RUND UM DEN ISEOSEE

Der Iseosee ist fast vollständig von Bergen umgeben, nur der südlichste Teil ist weitgehend bergfrei. Das Riesengebiet der **Bergamasker Alpen** (Alpi orobie) zieht sich vom Comer See herüber und endet hier an der Westseite des Lago d'Iseo bzw. am Val Camonica. Für Wanderer und Mountainbiker gleichermaßen interessant sind die schönen Gebirgstäler mit ihren steilen, aber aussichtsreichen Bergen im Umkreis von ca. 20 km. Die wichtigsten Täler sind Val Cavallina (Valle del Freddo), Valle di Fonteno, Val Calepio, Val Seriana, Valle del Monte und Val Borlezza. Für gelegentliche Touren genügen die ca. 1 000 m hohen Berge entlang der Westseite des Lago d'Iseo; wer höher hinaus möchte, muss bis hinter Clusone fahren oder ins weit abgelegene Val Brembana ausweichen. Spätestens im Parco Naturale delle Orobie Bergamasche warten die 3 000'er mit beeindruckenden Namen wie Pizzo del Diavolo, Monte Cadelle oder Monte Cabianca.

Die Bergwelt – beginnend am Ostufer des Sees – trägt den wunderbaren Namen '**Adamello-Presanella**' und endet im Val Trompia (ab hier gehört dann alles zum Gebiet des Gardasees). Auch hier verlaufen einige zu Fuß begehbare Seitentäler, die bis auf Höhen von gut 1 000 m führen. Von Norden nach Süden: Valle del Trobiolo (Pisogne), Valle Vandul (Zone), Val di Gasso (Zone) und Valle dell'Opol (Marone).

DAS VAL CAMONICA

Im lombardischen Norden Italiens befindet sich die Region Valcamonica. Genauer betrachtet handelt es sich dabei um ein etwas versteckt liegendes, ca. 70 Kilometer langes Tal in der Provinz Brescia. Doch so abgelegen Valcamonica auch sein mag, hier finden Besucher atemberaubende Zeugnisse menschlicher Kultur. Die Bevölkerung des Tales erschuf über einen Zeitraum von mehreren Jahrtausenden hinweg Galerien von Felsbildern, deren Entstehungszeitraum von prähistorischer Zeit an bis hin zur Zeit der römischen Besatzung reicht. Damit stellen die Felsbilder des Valcamonica eine Art Geschichtsbuch bis zu den kulturellen Ursprüngen des modernen Menschen dar. **1979 nahm die UNESCO 140 000 Figuren in den Kanon des Weltkulturerbes auf**. Mittlerweile wurden jedoch mehr als 300 000 Felsbilder identifiziert. Auf einer Strecke von etwa 25 Kilometern Länge und in einer Höhe zwischen 20 und 1400 Metern über dem Meeresspiegel erstrecken sich Petroglyphen - so der wissenschaftliche Fachbegriff für geritzte Felsbilder - aus insgesamt über 10 000 Jahren Menschheitsgeschichte. Das Besondere an den Felsbildern des Valcamonica ist, dass diese zum Teil bis zu vier Zentimeter tief in den Fels geritzt und vermutlich auch farblich gestaltet wurden. Von der Farbe ist heute leider nichts mehr zu sehen, doch die Ritzungen bieten immer noch einen faszinierenden Anblick. **Die ältesten Bilder sind etwa 12 000 Jahre alt** und zeigen typische Szenen einer Jäger- und Sammlerkultur. Jagdpraktiken und -rituale sowie verschiedene Tiere sind die häufigsten Motive jener Zeit. Im Neolithikum, etwa zwischen 6000 und 3300 v. Chr., erscheinen schließlich die ersten Darstellungen von Menschen und Göttern. Als erste Haustiere werden Hunde dargestellt, Nutztiere wie Rinder und Schweine folgen erst sehr viel später. Anhand der Bilder lässt sich erkennen, dass die damaligen Bewohner des Tals anscheinend Anhänger eines Sonnenkultes waren. Typisch für die Bronzezeit, etwa zwischen 2500 und 1200 v. Chr., ist das verstärkte Aufkommen von mythologischen Szenen. Neu sind auch Darstellungen von Metallverarbeitung, Weberei sowie von Pferden als Reittieren. Aus der Eisenzeit zwischen dem 7. und 5. Jahrhundert v. Chr. finden sich auch Gravuren etruskischen und keltischen Ursprungs. Die letzten eigentlichen Felsbilder stammen aus der Zeit, als Valcamonica der römischen Provinz Gallia cisalpina einverleibt wurde. Zwar gibt es auch einige römische Inschriften sowie Gravuren aus dem Mittelalter, doch diese erreichen nicht mehr das Niveau der prähistorischen Kunst.

Die wichtigsten Felsbilder

Die Felsbilder im Valcamonica sind keine Malereien, **sondern direkt in den Fels gearbeitete Petroglyphen**. In mühevoller und zeitaufwändiger Arbeit ritzten, pickten oder schabten die Bewohner des Tals die unterschiedlichsten Motive zum Teil bis zu vier Zentimeter tief in den Fels. Und obwohl es derartige Felsbilder auf der ganzen Welt gibt, sind die Petroglyphen von Valcamonica dennoch einzigartig - nirgendwo sonst haben die Bewohner einer Region über Jahrtausende hinweg ihr Leben und damit ihre Geschichte dokumentiert. Die Motive variieren. Jedes Zeitalter weist bevorzugte Figuren und Darstellungen auf, auch lassen sich Einflüsse anderer Kulturen - und damit auch ein Kulturaustausch - nachweisen. Die meisten Felsbilder befinden sich in der Nähe der Orte Darfo Boario Terme, Nadro, Cimbergo, Capo di Ponte sowie Paspardo. Das berühmteste Felsbild ist sicherlich die Camunische Rose, ein vierblättriges Gebilde, das vermutlich ein Symbol der Sonne darstellt: Schon aus anderen Felsritzungen haben Wissenschaftler geschlussfolgert, dass die Camunni - die Bewohner der Valcamonica, die dem Tal auch ihren Namen ge-

Ponte di Legno

Letzter Ort des Val Camonica im äußersten Norden. **Ein Ausflug lohnt**, die Natur ist hier oben atemberaubend schön. Für Bergsteiger ein Paradies.

geben haben - wahrscheinlich einen Sonnenkult pflegten. Heute ist die Camunische Rose auch auf der lombardischen Flagge zu finden - in Weiß und vereinfacht mit ihren vier Blütenblättern auf grünem Hintergrund. Besucher finden das bekannte Felsbild in der Ortschaft Le Crus innerhalb der Gemeinde Capodiponte. In der Nähe von Bedolina befindet sich eine ebenfalls bemerkenswerte Felsritzung; Die „Mappa de Bedolina", eine Landkarte, die vermutlich einen Teil der (damaligen) Umgebung zeigte. Berühmt ist auch eine Felsritzung mit dem Namen „**Der Reisende**", welche eine kantige menschliche Figur mit einem Stock in der Hand zeigt. Das Bild befindet sich im Felsbildpark „Parco comunale archeologico e minerario di Sellero" in der Gemeinde Sellero. Die drei aufgeführten Felsritzungen sind ein ganz kleiner Vorgeschmack auf die Fülle an Bildern, die den Betrachter im Valcamonica erwartet.

Die Felsbildparks

Die Felsbilder sind in den insgesamt acht Felsbildparks zu bewundern, welche die Besucher auf hölzernen Wegen und Stegen durchlaufen. Auf diese Weise werden die Felsbilder nicht beschädigt und die Besucher haben einen optimalen Blick auf die prähistorischen Kunstwerke. Der „Parco Nazionale delle Incisioni Rupestri di Naquane" in der Gemeinde Capo di Ponte zeigt auf einer Fläche von etwa 60 Hektar 130 gravierte Felsen inmitten eines lichten Laubwaldes. Darunter befinden sich unter anderem die Gravur des so genannten „Laufenden Priesters", Jagdszenen, Pferd und Reiter sowie sich duellierende Krieger. **Auch die „Camunische Rose" ist hier vertreten. Die wohl berühmteste Felszeichnung taucht in der Valcamonica mehrfach und in verschiedenen Variationen auf.**

Beeindruckend bei jedem Besuch: der **Reisende mit Spazierstock** (links) und die **Camunische Rose**, die man immer wieder an verschiedenen Plätzen des Parks entdeckt.

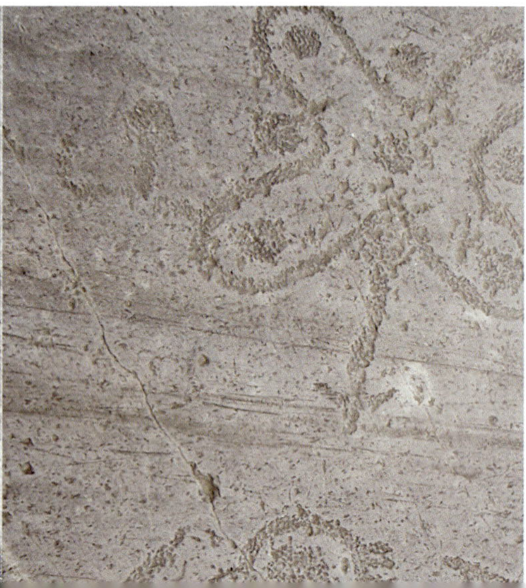

Besonders eindrucksvoll zeigt sich der „Fels Nr. 1", in den Hunderte von Gravuren - besonders Hirsche - eingeritzt sind. Im zentralen Teil des Parks befindet sich zudem eine Ausstellung sogenannter Menhire. Ebenfalls in Capo di Ponte liegt der „Parco Archeologico Nazionale dei Massi di Cemmo". Dieser hat in den Sommermonaten (März bis Ende der Sommerzeit) von Montag bis Samstag von 14 bis 19 Uhr geöffnet, Sonntag ist Ruhetag. In den Wintermonaten kann man den Parco von 08:30 bis 13:30 Uhr besuchen. Die so genannten „Cemmo Felsen" stellen vermutlich ein prähistorisches Heiligtum dar. Aller guten Dinge sind drei: Seit 2005 befindet sich auch der Gemeindepark „Parco Archeologico Comunale di Seradina-Bedolina" in Capo di Ponte. Verschiedene Wegstrecken führen durch einen typisch alpinen Wald zu den schönsten Felsritzungen, vor allem aus der Eisenzeit. Der Park ist auch wegen seines etwas eigenwilligen Klimas aus botanischer Sicht interessant. Hier wachsen Pflanzen, die sonst in Norditalien eher nicht vorkommen. In Ossimo befindet sich der „Parco Archeologico di Asinino-Anvòia" mit Felsbildern aus der Kupferzeit. Auch einige Stelen sind zu besichtigen. In der größten Gemeinde des Valcamonica, in Darfo Boario Terme, liegt der „Parco Comunale delle Incisioni Rupestri di Luine". Er öffnet ganzjährig zwischen 9:00 und 12:00 sowie 14:00 und 17:00 Uhr. Montags ist Ruhetag. Der Stadtpark beherbergt über 100 000 Felsbilder. Weitere Felsbildparks sind der "Parco Comunale Archeologico e Minerario di Sellero" in Sellero (ebenfalls ganzjährig geöffnet), der „Parco Archeologico Comunale di Sonico" in Sonico sowie der „Riserva naturale Incisioni Rupestri di Ceto, Cimbergo e Paspardo". Letzterer erstreckt sich, wie der Name schon sagt, über die drei Kommunen Ceto, Cimbergo und Paspardo. Der Park hat ganzjährig ab 9:00 Uhr geöffnet. Er schließt im Sommer um 17:30 Uhr seine Pforten, im Winter um 16:00 Uhr.

INFORMATIONEN | Nur in Italienisch und Englisch ist die offizielle Webseite unter **www.invallecamonica.it** gehalten. Es gibt Informationen zu den Naturparks, den Wandmalereien, Wellness-Angeboten u.v.m. Vor Ort kann man sich im Touristikbüro in Darfo Boario Terme an der Piazza Einaudi 2 (am Busbahnhof) informieren.

Witzige Ufergestaltung in Lovere

Schöner Blick auf das **Bergmassiv von Zone**

DAS VALLE TROMPIA

Das Valle Trompia ist eines der bedeutenden brescianischen Gebirgstäler innerhalb der Tre Valli (Valle Trompia, Valle Camonica, Valle Sabbia). Es verläuft fast parallel zum Iseosee und ist lediglich über Brescia sowie von Iseo aus über den Bergort Polaveno zu erreichen. Das Tal mit dem Hauptort Gardone Val Trompia wird von dem Fluss Mella durchflossen und ist ca. 50 km lang. Im Norden stößt es an den Lago d'Idro, im Süden läuft es Richtung Brescia aus. Weitere Orte im Val sind Bovegno, Concesio, Collebeato, Lodrino, Marcheno, Marmentino, Sarezzo, Tavernole sul Mella und Villa Carcina. Jahrhunderte lang wurde hier Erz abgebaut, wovon noch immer zahlreiche Gruben und Stollen zeugen. Groß war auch die Zahl der metallverarbeitenden Betriebe, was sich bis heute im handwerklichen Geschick der Bewohner niederschlägt (z.B. Waffenfabrik Beretta, Gardone Val Trompia; s. S. 44/51), auch wenn die letzte Mine bereits vor 30 Jahren geschlossen wurde. Heute profitiert das Tal von der Nähe zu Brescia, den Relikten des Bergbaus in Form von Besucherminen und der grandiosen Natur. Das Tal ist ein beliebtes Ziel von Bergsportlern und Mountainbikern. Gern wird eine Tour vom Lago di Garda über den Idrosee durchs Val Trompia gefahren.

Informationen zu den Minen gibt es unter **www.miniereinvaltrompia.it**: Dort erfährt man alles über Öffnungszeiten, Eintrittspreise und Anfahrtsmöglichkeiten. Wer sich über das Tal als solches informieren möchte, geht auf **www.cm.valletrompia.it.** Tipps zu Bergtouren kann man sich vor Ort holen: Comunità Montana di Valle Trompia Via Giacomo Matteotti n. 327. 25063 Gardone Val Trompia (Bs). T +39 (0)30 833741.

DREI DINGE BRAUCHT DER MANN

Oder drei gewichtige Argumente für eine Reise an den Lago d'Iseo: Waffen, Wein und der Traum vom Motorboot aus Mahagoni. **Beretta** – Wem sagt das nichts! 20 km östlich des Iseosees liegt der Firmensitz dieser größten Waffenschmiede Italiens. Mit Voranmeldung erhält man die Möglichkeit, an einer kleinen Führung im Beretta-Museum teilzunehmen, mit Sicherheit ein lohnender Ausflug, auch in das schöne Val Trompia. Für Freunde des guten Schaumweins stellt das **Weinanbaugebiet der Franciacorta** eine echte Herausforderung dar. Zahlreiche Kellereien bieten attraktive Sorglos-Angebote rund um die Sektherstellung mit Weinprobe, Golf und Wellness. Im Mittelpunkt steht der im Champagner-Verfahren hergestellte Franciacorta mit DOCG-Siegel und anderen Auszeichnungen. Natürlich sind die Preise einer Flasche auf Champagner-Niveau. Nicht minder qualitätsvoll sind die in Predore über ca. 30 Jahre gebauten und überaus geschätzten Mahagoni-Boote der Firma **Riva**. Kein anderes Sportboot hat die Gefühle der Besitzer und Nichtbesitzer je so angesprochen wie dieses nahezu perfekte Boot. Heute ist Riva in der Hand finanzstarker Investoren, Holzboote werden seit den 70'ern nicht mehr gebaut. In der alten Werft am Lago d'Iseo repariert, restauriert und wartet aber ein Enkel des Firmengründers die noch vorhandenen ca. 2 000 Boote.

riva

DIE WEINBAUREGION FRANCIACORTA

Mitten in der Lombardei und im Zentrum der dortigen Provinz Brescia liegt das Weinbaugebiet Franciacorta, in den letzten drei bis vier Jahrzehnten eines der erfolgreichsten des Landes. Schon seit über 2000 Jahren werden hier erfolgreich Reben in guter mineralischer Lage und günstigem Klima angebaut, was bereits damals von so bekannten römischen Gelehrten wie Plinius dem Älteren, Columella und Vergil löblich anerkannt wurde. Bis zum erst nationalen und dann internationalen Durchbruch der edlen Tropfen aus diesem Teil der Lombardei sollte es aber noch bis in die 1960er Jahren dauern, erst die kreativen Experimente mit Flaschengärung und Schaumweinen brachten letztlich die Begeisterung und Zufriedenheit der überregionalen Kundschaft. 1967 erhielt die Region die ersehnte Anerkennung durch die begehrte staatliche Auszeichnung „**Denominazione di Origine Controllata e Garantita**" (DOCG). Weine dieser höchsten Kategorie besitzen weltweit unter Kennern Popularität. Heutzutage gehören ca. 2000 Hektar zumeist mit Chardonnay, Pinot Blanc und Pinot Noir-Trauben bepflanzte Fläche zu dem Gebiet der zugehörigen und berechtigten 27 Gemeinden und Orte: Adro, Capriolo, Castegnato, Nigoline, Clusane, Timoline, Borgonato, Camignone, Cazzago San Martino, Cellatica, Coccaglio, Cologne, Corte Franca, Erbusco, Gussago, Iseo, Monticelli Brusati, Ome, Ospitaletto, Paderno Franciacorta, Palazzolo sull'Oglio, Paratico, Passirano, Provaglio d' Iseo, Rodengo-Saiano und Rovato.

Die meisten der Weinorte und auch einige der bekannten Weingüter (Fabio Cattabiani, Ferghettina, Ricci Curbastro, Monte Rossa, Mosnel, Lantieri, Majolini, Ca' del Bosco, Cavalleri, Berlucchi, Contadi Castaldi, Bellavista und Cavalleri) kann man während eines Ausflugs auf der neu geschaffenen touristischen Straße „Strada del Vino Franciacorta" besichtigen, die, östlich von Brescia beginnend, von Mandolossa über 80 km bis nach Paratico führt. Selbstverständlich dürfen die Weine in den zahlreichen Restaurants und Weinkellereien auch verkostet und im Hofverkauf käuflich erworben werden. Es lohnt sich – verbergen sie doch nach önologischer Expertenmeinung die Aromen von Zitrusfrüchten, Weißdorn, Honig, Äpfeln, Pfirsich, Lorbeer und mediterranen Kräutern in sich. **Eine besondere Schaumwein-Spezialität der Franciacorta** ist der sog. „Satèn", der ganz besonders fein perlt und mit seinem typischen Duft nach hellen Früchten, tropischen Blumen, Honig und Nougat fast schon cremig wirkt. Außer auf ihre glücklichen Hände bei der Weinherstellung sind die Bewohner der Region natürlich auch auf ihre Jahrtausende alte Kulturgeschichte sehr stolz: Hier siedelten und herrschten schon Etrusker, Kelten, Römer, Lombarden, Karolinger und Venezier, und alle ließen zahlreiche architektonische und künstlerische Spuren zurück. Sehenswert sind zum Beispiel das mittelalterliche Kastell von Capriolo, das Dominikanerkloster „La Santissima" in Gussago, das Castello Oldofredi im Seeuferstädtchen Iseo, die Abtei des Heiligen Nikolaus aus dem 15. Jahrhundert in Rodengo-Saiano, die Kirche San Giacomo Maggiore in Ospitaletto und die Burgruine Lantieri bei Paratico, die

Die Franciacorta

Südlich des Sees zwischen dem Fluss Oglio und den Vororten von Brescia liegt **das fruchtbare Land** mit Produkten aus weißen und roten Trauben.

als verfremdete Inspiration in Dantes Göttlicher Komödie auftauchen soll. Gemäß ihres aus dem kriegerischen Mittelalter stammenden Namens ist die Franciacorta (in etwa „Fränkische Festung“) geradezu mit Burgen, Schlössern und Wehrtürmen übersät. Heute dienen diese aber nicht mehr der militärischen Verteidigung der fruchtbaren und strategisch günstig gelegenen Region, sondern werden meist als Museen, Hotels und große Parkanlagen genutzt. Zu den empfehlenswerten Bauten gehören etwa die Burg von Bornato samt der Villa Orlando in Cazzago San Martino, die auf römischen Fundamenten errichtete Burg von Coccaglio, die lediglich von außen zu besichtigende Burg des Carmagnola in Iseo, die Burg in Paderno Franciacorta aus dem 10. Jahrhundert, die Burg von Passirano mit ihrem streng geometrischen Grundriss, die Ruinen der einstigen römischen Burg von Rovato samt ihrer venezianischen Mauern und der Palazzo Porcellaga sowie die Burg Quistini mit ihrem wunderschönen Rosengarten ebenfalls in Rovato. Auch von Kennern für ihre Baukunst bewunderte Abteien und Klöster finden sich in der Franciacorta, neben der bereits weiter oben erwähnten Anlage in Gussago sind dies das Kloster San Pietro in Lamosa mit dem nahen **Naturschutzgebiet der Sebino-Torfgruben**, das 1503 fertiggestellte Kloster der Annunciata am Osthang des Monte Orfano in Rovato und die Olivetaner-Abtei San Nicola in Rodengo Saiano aus dem 10. Jahrhundert mit ihrem Eisenmuseum. Weitere sehenswerte Sakralbauten sind etwa die Kirche Santa Maria, die Wallfahrtskirche Madonna della Neve mit dem integrierten Seidenraupenmuseum oder die reich mit Fresken geschmückte Kirche Santa Maria Assunta in Ardro, die Pfarrkirche San Giorgio und die Kapelle Sant'Onofrio in Capriolo, die beiden kleinen Kirchen Santa Giulia und Santo Stefano in Cazzago San Martino, die Wallfahrtskirche Madonna della Stella in Cellatica, die Kirche S. Giovanni Battista in Coccaglio, die romanische Pfarrkirche Santa Maria Maggiore in Erbusco und die Wallfahrtskirche Madonna della Rosa in Monticelli Brusati. Neben den häufig in kirchlichen Gebäuden untergebrachten Regionalmuseen sind auch die diejenigen interessant, die sich der landwirtschaftlichen und ökonomischen Tradition der Region widmen, so etwa das Landwirtschafts- und Weinmuseum „Ricci Curbastro" in Capriolo, das Museum der Industrie und Arbeit in Rodengo Saiano und die mittelalterliche Schauschmiede „Maglio Averoldi“ im etwas höher gelegenen und sehr idyllischen 3000-Einwohner-Ort Ome. Als heute wie damals beliebte Sommerresidenz vieler adeliger Familien gibt es in der Franciacorta auch zahlreiche prächtige Paläste und Villen, von innen zu besichtigen sind jedoch nur wenige.

INFORMATIONEN | Die informativste Seite bietet das „Consortio della tutella del Franciacorta“, eine Art Genossenschaft für die Franciacorta, (Via G. Verdi 5 in Erbusco) unter www.franciacorta.it. Die Seite ist durchaus auch werblich, bietet aber so viele Informationen zu Geschichte, Kultur, Wein und anderen Themen rund um die Franciacorta, dass dies hinnehmbar ist. Zusätzlich wird der Weinkeller des Monats präsentiert und auf Veranstaltungen wie Weinproben, Tage der offenen Weinkeller o.ä. hingewiesen.

Edle Tropfen finden

Cortefranca liegt fast unmittelbar am Iseosee. Die Weinbauern freuen sich über jeden Besuch, die Öffnungszeiten sind weitgehend kundenfreundlich. Fahren Sie einfach entlang der Weinstraße Franciacorta ('Strada del Vino').

RIVA | TRAUM IN HOLZ

Als Carlo Riva mit 27 Jahren die väterliche Bootswerft in Sarnico am Lago d'Iseo übernahm, hatte er Visionen. Er wollte ein Speedboot nach amerikanischem Vorbild bauen, das sich perfekt für die Seen in Oberitalien eignen sollte. Eine Kombination aus rasanter Schnelligkeit und luxuriöser Ausstattung schwebte ihm vor. Dass ein solches Boot im Jahr 1949 aus Holz gebaut werden musste, war von vornherein klar. Schon nach wenigen Jahren waren in der Firma etwa 250 Mitarbeiter beschäftigt, die den Riva Motorbooten einen ganz eigenen Stempel aufdrückten. Als „**Rolls-Royce der Meere**" wurden die Boote zu einem echten Statussymbol mit italienischer Herkunft. Markenzeichen der außergewöhnlichen Boote war ein aus fugenloser Beplankung mit hochwertigem Mahagoniholz hergestellter Bootskörper. Bis zu zwanzig Mal wurde das Edelholz lackiert. Der gezielte Einsatz verchromter Elemente in Verbindung mit einer Panoramaglasscheibe verliehen den Riva Motorbooten ihr elegantes Aussehen. Das mit fast neun Metern längste Boot der ersten Baureihe, das Modell Aquarama, wurde mit zwei 350 PS starken Motoren angetrieben und erreichte Spitzengeschwindigkeiten von bis zu 90 Stundenkilometern. Weißes Leder verlieh dem Interieur und der Liegefläche ein exklusives Design.

Zwischen 1951 und 1989 produzierte Carlo Riva etwa **4 200 Boote,** in den 60er Jahren täglich bis zu 18. Schätzungen zufolge existiert bis heute noch etwa die Hälfte aller jemals in der Riva-Bootswerft gebauten Motorboote – sie erzielen zumeist Preise im hohen sechsstelligen Bereich. Als Ende der 60er Jahre die ersten Motorboote aus Fiberglas produziert wurden, tat sich Carlo Riva schwer, mit den technischen Entwicklungen Schritt zu halten. **1969 verkaufte er den Familienbetrieb an US-amerikanische Investoren**. Am Lago d'Iseo aber bleibt die Tradition der Familie Riva erhalten. Der Neffe von Carlo, Anselmo Vigani, restauriert in seiner kleinen Werft jährlich etwa 50 Riva Motorboote.

Informationen | **www.riva-yacht.com**

Auch Wassersportmuffeln erschließt sich die Schönheit und die Eleganz der Motorboote aus dem Hause Riva auf den ersten Blick. Edle Materialien und ein bombenstarker Motor lassen den Betrachter staunend zurück.

DAS WAFFENUNTERNEHMEN BERETTA

Das italienische Waffenunternehmen Beretta ist in Gardone Val Trompia in der Provinz Brescia ansässig und blickt auf eine Geschichte von fast fünfhundert Jahren zurück. Urkunden verraten, dass schon **1526 der venezianische Büchsenmacher Bartolomeo Beretta** den Auftrag erhielt, Gewehrläufe zu produzieren. Heute hat Beretta, das älteste Waffenunternehmen weltweit, seinen Firmensitz in unmittelbarer Nähe zum Iseosee und bietet vielen Menschen der Region einen krisensicheren Arbeitsplatz. Seit dem 16. Jahrhundert wird die Firma als Familienunternehmen geführt, heute heißt der Unternehmensleiter Ugo Gussalli Beretta. Im Jahr 2000 wurden die Tochtergesellschaften Sako und Tikka gegründet. Der gesamte Konzern beschäftigt rund 2 600 Mitarbeiter und stellt Waffen für Sportschützen und Jäger, sowie für die italienische Polizei und Armee her. **Als typisches Modell gilt die Beretta Serie 92** („M9"), die nicht nur von der Polizei Italiens verwendet wird, sondern auch von Polizisten und Offizieren in den USA und in Frankreich (und häufig in amerikanischen Krimis zu sehen ist). Weitere Hauptabnehmer der Beretta Faustfeuerwaffen und Gewehre sind die Armeen von Argentinien, Jordanien, Malaysia und weiteren Ländern. Knapp ein Drittel der produzierten Waffen werden an staatliche Abnehmer verkauft, während die restlichen 70 % für private Kunden zur Verfügung gestellt werden. Das umfangreiche Sortiment beinhaltet Pistolen, Sportgewehre und Jagdflinten mit unterschiedlichem Kaliber sowie Messer.

Die Geschichte des Unternehmens Beretta zeigt deutlich die Schwankungen auf dem Waffenmarkt, die von Kriegs- und Friedenszeiten stark beeinflusst werden. In der ersten Hälfte des 16. Jahrhunderts stieg die Nachfrage innerhalb weniger Jahrzehnte so an, dass die Schusswaffen von Beretta bald über die Region von Gardone Val Trompia hinaus bekannt wurden. Um 1850 wurde die Produktion um Jagdwaffen erweitert, und im Ersten Weltkrieg schaffte Beretta den Durchbruch in Europa, indem die Firma die erste Handfeuerwaffe mit Halbautomatik anbot. Später wurden Maschinengewehre produziert, um im Zweiten Weltkrieg zu trauriger Berühmtheit zu gelangen. 1945 wurde die Beretta-Fabrik von den Alliierten zerstört. Dem damaligen Unternehmensführer Pietro Beretta II. gelang es, sich schnell mit der neuen Situation zu arrangieren und seine Firma zum international agierenden Waffenhersteller zu machen: Zusätzlich zum Hauptsitz in Brescia wurden Niederlassungen in Frankreich, Griechenland und Spanien gegründet. 1978 entstand zudem ein Betrieb in den USA. Durch die glücklicherweise friedlichen Zeiten in Europa musste das Unternehmen zwar Umsatzeinbußen hinnehmen, doch die Reserven aus mehreren Jahrhunderten umfassen auch Liegenschaftsbesitz und sichern das Bestehen ab. Der Hauptfirmensitz liegt auf der sonnigen Talseite des Val Trompia und umfasst ein herrschaft-

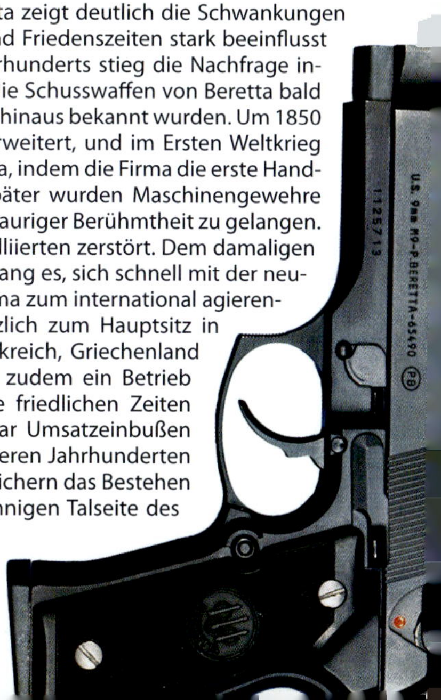

liches Gebäude, in dem sich Büros und ein **Museum** befinden, sowie eine großflächige Grünanlage. Auf der gegenüberliegenden Schattenseite sind die Fabrikhallen zu sehen, in denen die Gewehre und Pistolen mit all ihren Einzelteilen hergestellt werden. Präzision und hochwertige Materialien sorgen seit Jahrhunderten dafür, dass die Beretta-Waffen einwandfrei funktionieren und weltweit so erfolgreich sind. Die alte Kunst der Büchsenmacher zeigt sich noch bei der Produktion von luxuriösen Einzelstücken für Jäger. Schaftgröße und Motiv werden hierbei individuell auf die Wünsche des Kunden abgestimmt und in tagelanger Feinarbeit fertiggestellt.

Informationen | Unter der Internetadresse **www.beretta.com** zeigt die Firma nicht nur Waffen, sondern auch ihre weiteren Produktlinien, die thematisch aber in enger Verwandtschaft zu den Urprodukten stehen. Das Unternehmen 'Fabbrica d'Armi P. Beretta S.p.A.' hat seinen Sitz in **Gardone Val Trompia** (Provinz Brescia) in der Via P. Beretta 18. 25063 Gardone Val Trompia.

WAS MAN VOR DER REISE WISSEN SOLLTE!

WELCHER IST DER BESTE URLAUBSORT AM LAGO D'ISEO?

Immer wieder gehen an der Service-Mail Anfragen bzgl. des 'besten', 'schönsten' oder 'geeignetsten' Urlaubsortes ein. Darauf eine Antwort zu geben, ist nicht einfach: Wer z.B. mittelalterlichen Charme sucht, ist am besten in Lovere, Tavernola, Riva, Sarnico, Pisogne und Iseo aufgehoben, wobei Riva und Tavernola sehr ruhig, Sarnico dagegen sehr lebhaft ist. All diese Orte verfügen über eine hübsche Altstadt mit vielen Geschäften, schönen Restaurants und alten Kirchen. Wer den alten Verbindungsweg '**Antica Strada Valeriana**' in zwei oder drei Tagen ablaufen möchte, sollte sich an den Orten am Ostufer von Iseo bis Pisogne umsehen, kann man doch immer wieder per Schiff oder Zug an den Ausgangspunkt zurück. Für Ruhesuchende ist die autofreie Monte Isola die beste Wahl, außer am Wochenende ist man dort sozusagen für sich. Mit Peschiera sorgt ein etwas größerer Ort für Abwechslung. **Bergsportler** sollten eine Unterkunft am nördlichen Iseosee suchen, die Anfahrtswege zu den Wanderzielen auch im **Val Camonica** sind dann wesentlich kürzer. Wer Kulinarisches liebt und ein Fan von sehr guten Schaumweinen ist, findet in der Franciacorta ein passendes Plätzchen, liebt man Fischfeste, zieht es einen z.B. nach Clusane. Tatsache ist: für jeden gibt es den geeigneten Ort. Wenn Sie eine Empfehlung wünschen, können Sie sich gern an den Verlag wenden – per Mail oder via **www.iseosee-info.de**.

Dunstglocke am See

WIE IST DIE WASSERQUALITÄT AM ISEOSEE?

Die Wasserqualität der italienischen Seen war immer schon ein Kapitel für sich. Schon früh reagierten die Verwaltungen auf die starke Verschmutzung z.B. des Gardasees und des Lago Maggiore. Der Lago di Varese war schon so gut wie 'tot', als endlich mit dem Bau einer Ringkanalisation und ausreichend Kläranlagen begonnen wurde. **Am Lago d'Iseo herrscht aktuell an den meisten Orten Badequalität**, auch wenn ehrlicherweise erwähnt sein muss, dass teilweise immer noch ungeklärtes Wasser in den See fließt.

Zum Glück und auch in Folge der EU-Richtlinien werden regelmäßig Wasserproben genommen und im Internet veröffentlicht. Unter der Webadresse der European Environment Agency (www.eea.europa.eu; Suchbegriff: 'Bathing water quality') sind **die aktuellsten Messergebnisse für Italien** – Lombardei – Bergamo zu lesen. Verschiedene Proben am Iseosee, u.a. am Camping Trenta Passi (Riva di Solta) und am Lido Nettuno (Sarnico), zeigten zwar keine Beanstandungen, aber ein anderes Bild geben die Messungen von Legambiente, einer italienischen Umweltorganisation (2013; www.legambiente.it/golettadeilaghi): Hiernach existieren Probleme in Tavernola Bergamasca und im Mündungsgebiet zwischen Pisogne und Lovere. Natürlich können dies Momentaufnahmen sein, und der See macht an den meisten Stellen auch einen sauberen Eindruck. **Dennoch sollte man die Augen offen halten** und das Baden in offensichtlich verschmutztem Wasser meiden.

Das grünlich schimmernde Wasser in den Buchten zwischen Riva di Solto und Castro macht einen sauberen Eindruck. **Am besten mit dem Boot zu erreichen**, da es wenige Parkplätze gibt.

MIT DEM AUTO AN DEN LAGO D'ISEO

Für den Autofahrer liegt der See etwas ungünstig, die zwei Haupt-Nord-Süd-Verbindungen laufen westlich und östlich in gehörigem Abstand am See vorbei, ein Umweg ist die Folge. **Urlauber aus dem östlichen Deutschland** überqueren die Alpen mit Hilfe der Brennerautobahn (A22 - Innsbruck-Bozen). Am südlichen Ende des Gardasees geht es dann über die A4 (Turin-Venedig) in Richtung Mailand (über die Ausfahrt Brescia-Ovest oder Ospitaletto) in ca. 1 h an den Iseosee. **Aus dem Westen** reist man über die Gotthardt-Autobahn (A2, Basel-Chiasso) oder den San Bernardino (A13, St. Margareten-Sargans) an und schließlich auf der A9 nach Mailand, bevor es über die A4 in Richtung Bergamo/Brescia/Verona in ca. 2h an den Lago geht. Beide Varianten sind mautpflichtig, in Österreich und der Schweiz per Vignette, in Italien über Alt-Stazione (Mautstellen) organisiert.

Die Alt-Stazione sind an jeder Provinzgrenze positioniert, da die Mauteinnahmen in die Kassen der jeweiligen Provinzen fließen. In den Ferienzeiten können die Wartezeiten an den Schranken sehr nervig sein. Eine Anfahrt über Landstraßen von Norden über das Valcamonica ist zwar sehr schön, wegen der unendlichen Passstraßen aber nicht empfehlenswert; die Strecke ist eigentlich nur etwas für echte Alpenfans. Wer aber nicht ganz auf das Bergerlebnis verzichten will, nimmt nach dem Brenner die Strecke Rovereto-Riva und fährt über die westliche Uferstraße des Lago di Garda und später über den Idrosee nach Iseo. Planen Sie mehrere Stunden für diesen Abstecher ein.

Urlauber reihen sich in den Fahrspuren mit den weißen Schildern ein: **Barzahlung**! Gelb steht für **Telepass**, eine Art Funkbox, die automatisch den Betrag abbucht; blau ist für die Bezahlung mit **VIA-Card und Kreditkarte** reserviert.

PER FLUGZEUG AN DEN ISEOSEE

Nur wenige Regionen in Europa verfügen über ein so dichtes Netz an Verkehrsflughäfen wie Oberitalien. **Allein Mailand mit seinen drei Großflughäfen** versorgt jedes Jahr eine riesige Zahl an Fluggästen, Geschäftsleute gleichermaßen wie Touristen. **Mit Bergamo, Verona und Parma stehen weitere leistungsfähige Aeroporti im Umkreis von 1 bis 1,5 h Autofahrt zur Verfügung**. Da ist es kein Wunder, dass der Aeroporto di Brescia vergleichsweise wenige Fluggäste zählen kann und von den Fluggesellschaften bisher eher stiefmütterlich behandelt wurde. Aber auch Bergamo wird aus Deutschland nur von wenigen Anbietern und dann v.a. in den Sommermonaten angeflogen.

Nach Verona und Mailand hingegen bieten inzwischen Billig-Airlines mehrere Verbindungen pro Woche zu einem vernünftigen Preis. Am besten sucht man über eins der zahlreichen Flugportale im Internet (z.B. Swoodoo.de, fluege.de, cheaptickets.de). **Um vom Flughafen schnell an das Urlaubsziel zu gelangen, empfiehlt sich ein Mietwagen**. Buchen Sie diesen aber unbedingt von Deutschland aus, die Preise sind niedriger (Tagespreise: ca. EUR 30,00 z.B. für einen Fiat Panda).

Südlich der Alpen kommt der Flieger direkt in das Urlaubsgebiet. Wer früh bucht, bekommt häufig einen günstigeren Preis. Für Urlauber aus der Mitte und dem Norden Deutschlands zu empfehlen.

MIT DER BAHN ANREISEN?

Das gute Eisenbahnnetz am Iseosee macht eine Anreise per Bahn interessant. Aus allen Richtungen Europas ist die Anfahrt über die Schiene mehrmals am Tag möglich. Die Fahrt z.B. von München über Kufstein und Bozen nach Verona dauert ca. 5,5 Stunden, in Verona muss umgestiegen werden. Mit dem Eurostar geht es dann weiter nach Brescia, **mit der Regionalbahn schließlich nach Iseo. Weitere Bahnhöfe finden sich in praktisch jedem Ort bis weit hinter ins Val Camonica und liegen meist ganz in der Nähe des Sees**. Die Fahrt bis Brescia gibt es per Sparpeis ab 39€, die anschließende Regionalbahn wird von Trenord bedient und muss extra hinzugebucht werden (www.trenord.it). Eine Alternativstrecke führt vom Westen Deutschlands über Zürich und Mailand z.B. von Stuttgart in knapp 8 Stunden nach Brescia. Infos am Schalter oder unter www.bahn.de, www.trenitalia.it, www.fsitaliane.it, www.sbb.ch www.oebb.at.

Typischer Regionalzug von Brescia nach Pisogne.

DIE UNTERKUNFT STRATEGISCH WÄHLEN

Am Iseosee gibt es eine Vielzahl von attraktiven Unterkünften. Vom top geführten 5-Sterne-Haus bis zum einfachen Campingplatz ist hier so ziemlich alles zu finden. Da heißt es auswählen! Die Erfahrung aus acht Jahren Iseosee-Urlaub hat Folgendes gezeigt: am schönsten ist der Moment am Morgen, wenn man auf den Balkon oder die Terrasse tritt und bei unverstelltem Blick auf den See die Sonne aufgehen sieht, während man das morgendliche Treiben auf den Straßen am See beobachten kann. Voraussetzung dafür ist ein Zimmer am Hang, nicht zu weit unten, aber auch nicht zu weit oben. Achten Sie auf den Hinweis '**Seeblick**' in der Unterkunftsbeschreibung. Ist dieser Passus nicht vorhanden, dann wird es wohl auch keinen Seeblick geben. Wählen Sie einen Ort, wo am Abend nicht die Bordsteine hochgeklappt werden: eine schöne Promenade, ein malerischer Hafen und ein paar nette Open Air-Cafés sind zu empfehlen. Swimming-Pool ist natürlich genial, gehen Sie aber nicht davon aus, dass er geheizt ist. Denken Sie auch daran, dass es an den Hauptorten abends lauter und voller sein kann, als es einem lieb ist. Wenn Sie möchten, können wir Ihnen **konkrete Tipps unter www.iseosee-info.de** geben. Teilen Sie uns einfach Ihre Wünsche mit, wir sprechen gerne konkrete Ortsempfehlungen aus. Auffallend ist, dass die Zahl der Ferienwohnungen z.B. in Iseo eher gering ist, die im kleinen Riva di Solto dafür umso größer. Wer lieber Berge um sich hat, wählt ein Domizil nördlich der Seemitte, die Ostseite bietet zudem abendlichen Sonnenschein. Entsprechend hat man an der Westseite morgens die wärmende Sonne. Im Süden ist die Landschaft zudem wesentlich flacher. **Den betriebsamsten Ortskern hat Lovere**, gefolgt von Sarnico, Iseo und Pisogne. **Romantisch und ruhig liegen Riva di Solto**, **Marone und die Orte auf der Isola**. Bedenken Sie bei Unterkünften auf der Insel, dass Autos am Festland bleiben müssen und einen passenden Parkplatz benötigen. Hotels bucht man direkt oder über das Portal www.booking.com. Die Preisstruktur ist an den Hauptorten 'normal', in den kleineren, etwas vom See entfernten Gebieten deutlich günstiger. **Wenn möglich, nutzen Sie die Zeiten außerhalb der Schulferien**. **Unschlagbar sind die Ferienunterkünfte direkt am Wasser**. Davon gibt es nicht sehr viele, v.a. die Hotels bieten dieses Privileg, dann auch gerne mit privatem Bootssteg für das mitgebrachte Motorboot. Private Unterkünfte am Wasser müssen meist Jahre im Voraus angemietet oder reserviert werden.

HOTELS

Viele Urlauber genießen die Lage, die Ausstattung und den Service der örtlichen Hotels. Die etablierten Online-Hotel-Buchungsportale geben einen guten Überblick aller online oder klassisch buchbarer Hotels am Iseosee. Echtzeit-Verfügbarkeitsanfragen machen die Buchung zum Kinderspiel. Es hat sich allerdings herumgesprochen, dass einige Hotels bei Direktbuchung über

Castello Oldofredi

Also auch hier begegnet man dem für den Iseosee so berühmten Namen. In diesem Castello hat sich ein Hotel mit Restaurant niedergelassen. Schön!

die hoteleigene Homepage einen Rabatt einräumen, da sich der Hoteleigner die hohen Kosten für die Vermittlung sparen möchte. Auch die Hotelportale unterscheiden sich untereinander im Preis deutlich. Rufen Sie einfach ihr Wunschhotel auf den aktuell vier großen Portalen auf und vergleichen Sie die Preise bei www.booking.com, www.hotels.de, www.venere.de und www.hrs.de. Informieren Sie sich zudem auch **auf den Webseiten der Hotels** über die Zimmer und deren Ausstattung. Zahlreiche Internetbucher (über die Portale) sind mit den Zimmern unzufrieden, da diese oftmals zur Straße oder zum Hinterhof hinaus liegen. Wählen Sie - wenn möglich - immer ein Zimmer 'mit Seeblick' oder 'Balkon mit Seeblick', dann sind Sie auf der sicheren Seite. 'Superiore' steht dabei für gehobenere Ausstattung und mehr Platz. Weitere Informationen finden Sie bei den jeweiligen Ortsbeschreibungen.

BED & BREAKFAST (FRÜHSTÜCKSPENSIONEN)

Günstige Häuser mit meist liebevollem Service sind am Iseosee zahlreich. Wer es liebt, morgens mit einem Frühstück aufzustehen und sich ansonsten an den guten Restaurants der Region zu erfreuen, für den ist dies die erste Wahl. Manche B&Bs verfügen über eine kleine Küchenzeile, sodass auch Selbstversorgung möglich ist. Achten Sie bei der Auswahl auf die Lage mit einer guten Aussicht auf den See. Preise ab EUR 30,00 pro Person im DZ. Informationen unter www.bed-and-breakfast-italien.com. Für einige Urlauber führt an den Frühstückpensionen kein Weg vorbei, in keiner anderen Unterkunftsart lernt man Land und Leute besser kennen als im '**Haus der Familie**'.

Es gibt nichts Schöneres, als sich morgens nach dem Aufstehen an einen gedeckten Tisch zu setzen. Wenn es dann noch die original italienischen '**Brioches**' (klingt französisch!), dann ist das Glück ganz nah.

FERIENWOHNUNGEN UND FERIENHÄUSER

Für viele **die** Urlaubsform am Iseosee. Zwar sind italienische Ferienwohnungen meist sehr schlicht eingerichtet, doch denken inzwischen viele Vermieter um: Nur wer in Komfort investiert, kann unter der starken Konkurrenz überleben. Reizende Ferienobjekte direkt am See, in leichter Hanglage oder in den Bergen, geizen allesamt nicht mit wunderschönen Blicken aufs offene Wasser. Die gängigen Fewo-Portale wie Fewo-direkt.de, atraveo.de, casamundo.de etc. bieten eine gute Auswahl. Ärgerlich ist es allerdings, dass oftmals Angebote als frei gemeldet werden, diese sich bei Nachfrage dann allerdings als belegt herausstellen. Achten Sie also auf direkte Buchbarkeit, dann gibt es diese Probleme nicht. Für viele ist auch ein direkter Kontakt mit einem Vermittler von Anfang an sinnvoll, denken Sie aber daran, dass oft nur Italienisch und Englisch gesprochen wird. Man erspart sich unendliche E-Mail-Anfragen und erhält meist Angebote nach eigenen Vorstellungen. In den meisten Fällen wird eine Anzahlung fällig, der Rest bei Ankunft vor Ort bar bezahlt. Bei professionellen Anbietern ist der Betrag spätesten 14 Tage vor Reiseantritt fällig.

Das Preisniveau ist inzwischen leicht gestiegen, unter 400 EUR die Woche kaum mehr etwas zu finden. Was man dafür bekommt, ist oftmals eine Frechheit und bedarf einer genauen Prüfung. Insbesondere Küchenausstattung und Schlafplätze sind kritische Punkte: Pfannen sind hoffnungslos zerkratzt, Küchen nicht immer sauber und vollständig. Richtige Betten sucht man oft vergebens, Bettzeug muss inzwischen extra bezahlt werden. **TIPP | Investieren Sie lieber etwas mehr**, und die Sorgen werden kleiner. Gute Suchergebnisse liefern die Seiten von www.atraveo.de, www.fewo-direkt.de und www.homelidays.de.

Das Haus in Pilzone ist nicht mehr ganz taufrisch, **hat aber richtig Stil**. Die meisten angebotenen Ferienunterkünfte sind gepflegter und modernisiert; **negative Erfahrungen gibt es zum Glück wenige**.

CAMPINGPLÄTZE

Die Plätze sind relativ gut über den See verteilt. Lediglich an der Westseite finden sich wegen der bis zum See hinunter reichenden Berge nur vereinzelte. **Die meisten Plätze liegen direkt am Wasser**, teilweise stört die nahe Uferstraße. Wer größere Anlagen schätzt, wird eigentlich nur südlich von Iseo fündig. Die Ausstattung ist so, wie man es in Italien gewöhnt ist: wer nach Zitronen duftende Sanitäranlagen sucht, könnte enttäuscht werden. Trotzdem versuchen ambitionierte Plätze eine höhere Servicequalität zu erreichen. Mobilhomes stehen in größerer Zahl (v.a. bei Iseo) zur Verfügung, die Vermietung wird allerdings von Selectcamp, Happycamp u.a. separat organisiert. Einige Plätze sind zu 95% Dauercampern vorbehalten, informieren Sie sich also frühzeitig über einen freien Platz.

Reservierungen zu tätigen, ohne den Platz zu kennen, ist ein Risiko. Oft klagen die Betroffenen über zu kleine Plätze, über einen ungünstigen Standort oder fehlenden Strom. Zwischen Mitte Juli und Mitte August ist es fast unmöglich einen Platz zu ergattern, nach dem 15. August reisen aber viele italienische Gäste ab und die Chancen steigen. **Die Preise sind, im Vergleich zum Rest Italiens, leicht überdurchschnittlich**, im Vergleich zum Rest Europas deutlich zu hoch. Preise ab ca. EUR 20,00 für Stellplatz inkl. 2 Personen in der Nebensaison. Genaue Informationen zu den Campingplätzen am Iseosee finden Sie bei der jeweiligen Ortsbeschreibung in diesem Buch.

Traumplätze direkt am Seeufer gibt es nicht viele, aber es gibt sie.
Reservieren Sie '**Ihren Lieblingsplatz**' rechtzeitig, dann gibt es keine Überraschungen.

KARTEN UND LESESTOFF

Egal, ob Single, Ehepaar, Gruppe oder Familie mit Kindern, der Iseosee bietet allen Besuchern ein abwechslungsreiches Programm mit vielen Highlights. Vergessen Sie aber niemals gutes Kartenmaterial mitzunehmen. Mit Landkarte erhält man einen besseren Überblick über die Region, Entfernungen können besser eingeschätzt und interessante Ausflugsziele entdeckt werden. Nicht in allen Details exakt, aber uneingeschränkt zu empfehlen, ist die KOMPASS Wanderkarte Nr. 106 „Lago d'Iseo“ (8,99 EUR), ein wirklich verlässlicher Partner. Vom Maßstab größer (1:125 000) ist die ebenfalls im Kompass-Verlag erschienene Landkarte 'Gardasee-Iseosee'. Sie ist schon für 4,95 EUR zu haben. Wer zudem in den Bergen des Nordens unterwegs sein wird, benötigt evtl. eine etwas detailliertere Karte. Karten im Maßstab 1:25 000 sind an vielen Stellen der Region in den Tourismusbüros erhältlich. Die Comunità Montana del Sebino Bresciano gibt eine Wanderkarte (Carta di sentieri Comunità del Sebino Bresciano) in diesem Maßstab heraus, sie wirkt zwar etwas spartanisch, dafür ist sie genau. Nicht jeder kommt allerdings mit dieser Karte zurecht. Im Internet kann man sie unter www.cartoguide.it und www.amazon.it bestellen. Diese und viele weitere Tipps finden Sie ebenfalls unter der Internetadresse www.iseosee-info.de, der Website zu diesem Reiseführer. Um sich ein wenig auf den Iseosee einzustimmen, gibt es einige Romane und Sachbücher, deren Handlung mit dem Iseosee zu tun hat. Ein entsprechender Suchbegriff bei Online-Buchhandlungen zeigt schnell die entsprechenden Ergebnisse.

TIPP | Für einige unvorstellbar, bestellen immer mehr Deutsche ihre Karten direkt in Italien bei www.amazon.it. Die Versandkosten sind überschaubar und die Zustellung schnell und verlässlich. Auf diesem Wege kann man an 'Material' herankommen, das selbst manchmal vor Ort nicht zu bekommen ist.

DIE RICHTIGE JAHRESZEIT

Am Iseosee herrscht weitgehend mediterranes Klima: **Frostfreie, niederschlagsreiche Winter, heiße, trockene Sommer**. Im Herbst kommt die Vegetation zum Erliegen, um im März wieder einzusetzen. Die (hoch-)alpine Umgebung des nördlichen Iseosees beeinflusst das Klima allerdings bedeutend: Auf den Bergen und in den tiefen nördlichen Gebirgstälern verzögert sich das Wachstum der Pflanzen um vier bis sechs Wochen. **Bis Anfang Juni bleiben die höheren Gipfel schneebedeckt** - das will bei Ausflügen in die Bergwelt bedacht sein. Die südlichen Gebirgstäler dagegen schaufeln erwärmte Luft aus dem mittleren und südlichen Italien in die Region. Oftmals herrscht am Alpenhauptkamm, also beispielsweise am Brenner-Pass, ein Temperaturunterschied von bis zu 15° C. Die Temperaturen können schon im Februar Werte um 15° C erreichen. Spätestens im Mai beginnt der Frühsommer, eine der schönsten Jahreszeiten am Iseosee. Die Sommer sind warm, aber weniger heiß als sonst in Oberitalien. Oft herrscht die so genannte Inversionswetterlage vor, die für dunstiges, aber anhaltendes Hochdruckwetter sorgt. **Der Herbst ist mit klarer Sicht und spät sommerlichen Temperaturen die Lieblings-Jahreszeit vor allem der Bergsportler**. Im Winter scheint, bei Temperaturen im leichten Plusbereich, häufig die Sonne. Störend sind die Mittelmeertiefs, die es vom Herbst bis ins späte Frühjahr hinein immer wieder für Wochen regnen lassen.

INFORMATIONEN VOR ORT

Die Tourismus-Büros (Ufficio Turistico) rund um den Iseosee bieten ausreichend Informationen zu dem jeweiligen Urlaubsort und der näheren Umgebung. Achten Sie unbedingt auf die Öffnungszeiten der Büros. Grundsätzlich sind sie zwischen 12.30 und 15.30 Uhr geschlossen, ± 30 min. In der Vorsaison (Juni und September) muss schon mit Einschränkungen gerechnet werden, in der Nebensaison (Mai und Oktober) wird es noch schwieriger. Weitere wichtige Informationen zu den Themen Notrufnummern, Ärzte, Krankenhäuser, Apotheken, Einkaufen, öffentlicher Nahverkehr u.v.a. finden Sie am Ende des Buches im Anhang und unter www.iseosee-info.de.
Hier die wichtigsten Adressen:

IAT Brescia Piazza del Foro 6. 25121 Brescia. T +39 (0)303749916-509. F +39 (0)303749982. iat.brescia@provincia.brescia.it **IAT Lago d'Iseo - Franciacorta** Lungolago Marconi 2 c. 25049 Iseo. T +39 (0)303748733. F+39 (0)30981361. iat.iseo@provincia.brescia.it **IAT Darfo Boario Terme** Piazza Einaudi 8. 25047 Darfo Boario Terme. T +39 (0)303748751. F +39 (0)364532280. iat.boarioterme@provincia.brescia.it **IAT Alto Sebino – Lovere** Piazza 13 Martiri, 37. 24065 Lovere (BG). T +39 (0)35 962178. info@iataltosebino.it

Tourismus-Büro in Iseo (Lungolago)

SPORT- UND FREIZEITREGION ISEOSEE

SEGELMEKKA SEBINO ALTO

Wassersport hat am Iseosee Tradition, das ist spätestens seit den Zeiten um Carlo Riva unübersehbar. Segelsport wird vor allem im nördlichen Teil großgeschrieben, da durch die steilen Felsformationen immer ein starker Fallwind auf den See weht. Surfer, Kiter und Segler nutzen diesen starken Wind für ihren wilden Sport. Um Lovere und Pisogne herum weht hingegen ein mäßiger Sommerwind mit guten Bedingungen für Freizeit- und Genusssegler.

In Lovere kümmert sich **Max Barro** als Leiter des Sporthafens und einer Wassersportschule um diese Belange. Außerdem hat er das Schwimmbad, die Gastronomie und alles andere unter seiner Leitung. **L'ORA S.r.l. - Gestione Porto Turistico** Via delle Baracche, 6. 24065 Lovere (Bg). T +39 035 960150. www.portoturisticodilovere.it. **Silvio organisiert die Marina in Pisogne** mit Professionalität. Unter www.portogoen.it gibt es Informationen über die angebotenen Services, die Preise z.B. für Liegeplätze, u.v.m. PortoGoen Via C. Zanardelli, 2. 25055 Pisogne (BS). T +39 (0)364 87899. T Silvio +39 (0)389 0487043. info@portogoen.it. Weitere kleinere Häfen (Porto turistico) gibt es in praktisch jeder größeren Kommune wie Iseo, Sarnico, Sulzano und Predore, nur sind diese nicht in erster Linie auf deutsche Touristen eingestellt. Auch Englisch wird kaum gesprochen, zur Verständigung sind v.a. in der Vor- und Nebensaison daher Kenntnisse in Italienisch empfehlenswert. Hilfsbereit ist hier aber in der Regel jeder.

Im Kitesport steckt der Lago d'Iseo noch in den Kinderschuhen, einige ambitionierte Sportler findet man aber immer am Felsmassiv zwischen Marone und Pisogne. Hier herrschen die besten Winde, **gestartet wird mit Bootunterstützung direkt aus dem Wasser**.

REITEN IM NATURPARADIES ISEOSEE

Rund um den Iseosee gibt es zahlreiche Reitställe. Fragen zu Kosten, Dauer und Versicherung klären Sie am besten direkt vor Ort. Schön sind geführte Ausritte durch die Franciacorta oder in die Bergwelt. Valcamonica: Centro Ippico Wakinyan Ranch. Via Ponte sull'Oglio 12. 25050 Losine (BS). T +39 (0)364/242022. www.wakinyanranch.com. Smeralda Ranch Località Greano. 25050 Sonico (BS). www.smeraldaranch.it. Ostseite des Sees (Brescia): Maneggio di Val Tress Località Chigazzolo. 25050 Zone (BS). T +39 (0)30 9880204. Sebino Cavalli Via Presso 66. 25057 Sale Marasino (BS). T +39 (0)339 4633438. Agriturismo El giardì Località Monte di Marone. T +39 (0)30 9827400. Franciacorta: Centro Ippico Sportivo Le Foppe – Scuola Addestramento Cavalli. Via Foppe, 25. 25030 Paratico. T n+39 (0)35 911924. Cascina Rossano Via Rossano, 2. 25050 Provaglio d'Iseo (Brescia). T +39 (0)338 8106640. www.cascinarossano.it. Centro Ippico La Corte. Frazione Provezze. 25030 Provaglio d'Iseo T +39 (0)30 9883113.

PRÄCHTIGE FAIRWAYS - DER SEBINO ALS GOLFPARADIES

Rund um den Iseo- See gibt es **zwei Golfanlagen**, den Golf Club Rossera und den Golf Club Franciacorta westlich von Iseo. Beide Anlagen sind aufs Beste ausgestattet, luxuriöse Spa-Hotels liegen in unmittelbarer Nähe. Franciacorta Golf Club Via Provinciale, 34/B. 25040 Nigoline di Corte Franca (BS). T +39 030.984167. segreteria@franciacortagolfclub.it. www.franciacortagolfclub.com. La Rossera Golf Club. Via Montebello, 4. 24060 Chiuduno (Bg). T +39 (0)35 838600. www.rossera.it.

MIT DEM BIKE UNTERWEGS

Das Alpengebiet Italiens mit seinen zahlreichen Seen ist ein Eldorado für Radfahrer. Standesgemäß befahren die Italiener mit ihren Rennrädern ausschließlich Straßen, während es die ausländischen Gäste bergig lieben und mit ihren Hightech-Bikes auch die Bergwelt um den Lago d'Iseo erobern. Wer kein eigenes Rad besitzt oder es lieber zuhause lassen möchte, für den **bietet die Firma IseoBike in Iseo ein riesiges Ausleihprogramm** (Tourenräder, MtBs, Renner, E-Bike). Ab 2,50 EUR für die Stunde bis 110 EUR für die ganze Woche reicht das Angebot. Services wie Transport der Räder an einen bestimmten Punkt, Versicherungen und auch Gruppenführungen sind möglich. **IseoBike liefert interessante Touren gleich mit: ca. 12 Strecken sind dokumentiert**, teilweise in Deutsch. Informationen unter www.iseobike.com und direkt bei IseoBike (noleggio biciclette) Via Per Rovato 26. 25049 Iseo (BS). T +39 (0)340 3962095.

Schönster Radweg

Die alte Küstenstraße zwischen Marone (Vello) und Pisogne ist unschlagbar! Ein paar Kilometer Ruhe vor dem tosenden italienischen Straßenverkehr.

Peschiera Maraglio

Der schönste Ort der großen Insel mitten auf dem See. Die Insel gehört zur Provinz Brescia und erfeut sich höchster Beliebtheit bei den Gästen.

UNTERWEGS IN DER **PROVINZ BRESCIA**

DIE **OSTSEITE** DES ISEOSEES

Die Pfarre von Paratico

Eine exponierte Position verzeichnet die Pfarrkirche von Paratico. Von dort oben hat man eine ähnlich gute Sicht wie man sie gleichermaßen vom Wasser aus hat.

PARATICO

Region **Lombardei** | Provinz **Brescia** | Einwohner **4 491**
Vorwahl **035** | GPS **45°40'N 9°58'E**

Zur Gemeinde gehören: Rivatica, Tengattini, Vanzago

Paratico ist der westlichste und zugleich südlichste Ort am Iseosee, der noch zur Provinz Brescia-Franciacorta gehört. Er liegt gegenüber von Sarnico an der Flussmündung des Oglio, der hier den See verlässt, malerisch in Richtung Franciacorta abfließt und damit einen naturnahen Raum schafft. Ursprünglich ermöglichte die Lage am Fluss ein einträgliches Geschäft mit Zollgebühren, die den Händlern auf den Weg in den Norden bzw. Süden abgenommen wurden. Die Bezeichnung 'paratica (Zollamt)' gab dem Ort wohl auch seinen Namen. Heute sorgt die Brücke über den Oglio nach Sarnico für einen reibungslosen Übergang in die Nachbarprovinz Bergamo. Der alte und interessantere Ortsbereich verteilt sich auf die hügelige Landschaft hinter dem See, hier liegt auch eine alte Burg (Castello di Paratico), die allerdings nicht zu besichtigen ist. Sehenswert ist sie trotzdem, nicht zuletzt auch wegen der weiten Sicht auf See und Fluss. Unten am Wasser glänzt der neue Teil des Ortes mit Restaurants, Geschäften und Badestellen.

Nicht leicht zu finden, aber einen Besuch wert. **Achten Sie auf die Öffnungszeite**n, um nicht vor verschlossenen Türen zu stehen. Der Turm liegt leicht erhöht mitten im Wohngebiet.

Direkt an der Brücke liegt übrigens eine Pizzeria mit schöner Terrasse am Flussufer; auch der Sentiero dell'Oglio beginnt hier (ausgeschildert), ein 4-tägiger Etappenwanderweg den Fluss entlang bis Urago d'Oglio. Nicht weit vom Ortskern befindet sich zudem der wohl nördlichste Weinkeller der Franciacorta, die Azienda Agricola Bredasole in der Via San Pietro, 44. Bei Drainage-Arbeiten am See wurden einst Überreste alter Pfahlbausiedlungen gefunden, ein eindeutiges Zeugnis vorgeschichtlicher Besiedlung. Pfahlbauten wurden zum Schutz vor Wildtieren, saisonalem Hochwasser und schädlichen Bodenausdünstungen gebaut. Nicht nur hier, sondern im gesamten alpinen Raum zeigen die Pfahlbauten eine hohe und frühe Siedlungsaktivität an den Bergseen. Die erste urkundliche Erwähnung Paraticos geht auf das Jahre 975 zurück, als der Langobarde Erberto seinem Neffen einige seiner Landgüter vermachte, darunter auch Paratico. Geprägt ist das Gebiet seit Jahrhunderten von der adligen Familie Lantieri, die über sehr viel Land verfügte und die Gemeinde auch beim Bau eines Schlosses (heute ein Bauernhof) in Vanzago und einer Burganlage mit bis heute erhaltenem Turm unterstützte. **Schön ist die Uferpromenade**, die fast durchgängig bis zum Ortsausgang in Richtung Clusane (am Ende auch an der Straße!) reicht.

FESTE UND VERANSTALTUNGEN

Paratico ist eine aktive und lebendige Gemeinde. Wichtigste Feste sind die Pfarrfeste (15. August) der beiden Gemeindekirchen. Ende Juni lassen sich beim Fest der Bildhauer (Scolpire di Piazza) Leistungsfähigkeit und Kreativität regionaler Künstler bewundern, im August steht mit dem Honigfest (Festa del miele) ein attraktives Event auch für Touristen auf dem Programm. Über alle Feste der Gemeinde gibt ein kleiner Flyer Auskunft, der normalerweise im Rathaus ausliegt.

SEHENSWERTES

In Paratico gibt es zwei Kirchen, die **Pfarrkirche Santa Maria Assunta** aus dem frühen 20. Jahrhundert und die Kirche San Pietro (18. Jahrhundert) beim Friedhof. Erstere steht unmittelbar neben einer Kapelle aus dem 12. Jahrhundert, in der in neuerer Zeit ein paar wertvollere Fresken freigelegt wurden. **Die Pfarrkirche hat eine äußerst exponierte Lage** auf einem Hügel über dem See, und schon der Blick auf die Fassade ist vielversprechend.

Von hier oben hat man einen schönen Blick auf den Iseosee, den Ort Sarnico und die Flussmündung.

Im Gemeindepark steht ein kleines Lustschlösschen (L'Oselanda) - wie es entstanden ist, weiß niemand so recht. Manch einer kann dem Bahnhofsgebäude aus dem 19. Jahrhundert etwas abgewinnen. **Die Strecke Paratico-Palazzolo** war einst von immenser Wichtigkeit für die Wirtschaft der Gegend, wovon auch die Verladestation am See mit direkter Anbindung der Bahn zeugt. Heute fahren hier allerdings nur noch Museumsbahnen.

La Torre di Paratico (medievale lantieri)
Der sehenswerte mittelalterliche Turm steht heute zwischen modernen Häusern im oberen Ortsteil in der Via Cavour 29a. Im Jahr 1311 soll Dante Alighieri hier während seines Exils Teile seines berühmten Werkes geschrieben haben. Die Burg wurde von der Familie Lantieri Ende des 12. Jahrhunderts auf den Grundmauern einer anderen Festung gebaut. **Der Turm und einige Fragmente der Burgmauer** stehen den Besuchern offen, am Eingang des rechteckigen Gebäudes ist das ehrwürdige Wappen der Familie zu sehen. Spannend ist der medial aufbereitete Zugang zum Turm (Quadrisfera). Besichtigungen immer sonntags 15.00 bis 18.00 Uhr. Via Cavour, 29a. 25030 Paratico.

FREMDENVERKEHRSAMT

Zuständig sind die Tourismusbüros in Iseo und Sarnico. **Rathaus** (Municipio) Via Risorgimento, 1. 25030 Paratico (BS). **www.comune.paratico.bs.it.**

EMPFEHLENSWERTE AUSFLÜGE | PARATICO

Hinüber nach Sarnico (s. S. 145), Spaziergang entlang des Oglio (s. S. 73), unterwegs im Parco dell Oglio Nord (s. S. 73/76), Franciacorta (s. S. 46).

TRESCORE BALNEARIO (Thermalbad)

An kühleren Tagen ist ein Ausflug in den ca. **30 Minuten Autofahrt** entfernten Thermenort Trescore Balneario zu empfehlen. Schon in der römischen Antike wurden die warmen Quellen intensiv genutzt! Zudem sind in Trescore auch der Torre Suardi und die neoklassizistische Kathedrale sehenswert. Informationen gibt es unter www.termeditrescore.it. Terme di Trescore S.P.A. Via Gramsci. 24069 Trescore Balneario (BG). T +39 (0)35 4255511.

SPORT UND FREIZEIT | PARATICO

Die Nähe zum Fluss und das leicht hügelige Gelände im näheren Umkreis sind ein schöner Anlass, einen Spaziergang oder eine kurze Wanderung zu unternehmen. Wege sind teilweise ausgeschildert.

WANDERUNGEN

Unterwegs im Parco Oglio Nord: Einen Ausflug nach Palazzolo ermöglicht ein gut ausgeschilderter und ebenso gut erkennbarer Weg entlang des Flusses Oglio. Die 11 km durch die vielseitige Schönheit der nördlichsten Franciacorta sind problemlos zu Fuß oder auch mit dem Fahrrad zu bewältigen. Erst jenseits der Autobahn verläuft der Weg ausschließlich am Fluss entlang zur Ortsmitte von Palazzola (ca. 1,5 h). Von dort aus kann man dem Fluss weiter in Richtung Süden folgen, bis er nach 154 km in den Po mündet. Informationen über die Etappen gibt ein Flyer, der in der Tourist-Info erhältlich oder per PDF unter www.parcooglionord.it downloadbar ist.

STRÄNDE UND SEEBÄDER

Der Parco delle Erbe Danzanti, der vor kurzem aufwändig ausgestaltet wurde, ist ein idealer Ort zum Spielen, Relaxen, Baden und Cappuccino trinken. Der grüne Freizeitbereich folgt der Uferpromenade in südlicher Richtung und endet an der alten Verladestation.

UNTERKÜNFTE | PARATICO

Schöne und ruhige Herbergen finden sich **entlang der Uferpromenade** (lungolago), wenn einen der Rummel der Leute im Sommer nicht stört.

Hotel Ulivi Viale Dottor Aldo Madruzza 11, 25030 Paratico. 035 912918. www.ulivihotel.it. Preise ab EUR 70,00 (DZ). Schöne Lage am Hang zum See, wirkt aber eher wie eine Appartment-Anlage. **Golf-Hotel Paratico** Via XXIV Maggio, 48. 25030 Paratico (BS). 035 913333. Gute Lauf-Lage zum See, allerdings etwas in die Jahre gekommen. Achten Sie auf ein Zimmer mit Seeblick. Preise ab EUR 80,00 (DZ). **B&B Aria di Lago** Via Barro, 2. 25030 Paratico. www.ariadilago.it. Preiswerte Pension am Ortseingang. Preise ab EUR 50,00 (2 Personen). Ein besonderes Haus findet man im ca. 6 km entfernten Corte Franca. Das **Relais Franciacorta** bietet außergewöhnlichen Service und Zimmer in ländlicher Lage. Infos unter www.relaisfranciacorta.it. Preise ab EUR 105,00. Wer ein 5-Sterne-Haus sucht, findet im 10 km entfernten **L'Albereta Relais & Chateaux** in Erbusco wahre Sternstunden der Gastrokultur. Interessante Einblicke unter www.albereta.it.

VERSORGUNG | PARATICO

Paratico lebt v.a. von der geografischen Nähe zu Sarnico. Dort befinden sich das Krankenhaus, die Polizeistation und die wichtigsten Versorgungsstationen. Wochenmarkt: immer am Samstag entlang der Seepromenade südlich der Brücke. In der Hauptsaison zusätzlich am 1., 3. und 4. Sonntag des Monats **Antik-, Floh- und Kunsthandwerkermärkte** an gleicher Stelle.

ESSEN UND TRINKEN

Ristorante Pizzeria L'Approdo Via XXIV Maggio, 92. 25030 Paratico. 035 914488. www.ristoranteapprodo.com. Gutes Lokal in Top-Lage direkt am See. Aqua Bar und Restaurant. **Località Chiatte** Via Guglielmo Marconi, 4. 25030 Paratico. 035 928681. Tolle Location am See für ein relaxtes Abendessen auf Loungemöbeln. Zahlreiche weitere Restaurants unterschiedlicher Qualität. Eventuell lohnt sich ein Spaziergang hinüber nach Sarnico.

EINKAUFEN

Geschäfte aller Art im Viertel an der Brücke nach Sarnico. Einen LD-Supermarkt findet man am Kreisverkehr Via Camillo Benso/ Via Cavour im oberen Ortsteil.

MEDIZINISCHE VERSORGUNG

Farmacia Perani Via XXIV Maggio, 49. 25030 Paratico.

WAS MAN NOCH WISSEN MUSS

Paratico ist bei den deutschen Urlaubern sicherlich nicht erste Wahl. Der Ort liegt aber sehr verkehrsgünstig, ist sonnenreich und hat ein lebendiges Gemeindeleben. Zudem machen die Lage am Fluss, die Nähe zu Sarnico, Brescia und Bergamo den Ort sehr attraktiv.

RIV. Nº
1
SALI E
ABACCHI
ORI BOLLATI
OTTO
CEVIT. N. 342
STRIBUTORE
UTOMATICO
SIGARETTE
PARTENZE
AHRTEN / DEPARTURES / SALIDAS
Pilzone
17
17.56
Brescia (7.02)
18
18.26
Edolo (8.34)
G.E.Monte della Rosa
SC SENTIERO
CASCATE
COMUNE DI MONTICELLI BRUSAT
Le Cascate
Monticelli Brus
VOI SIETE
PANINI
PIADINI
TOAST
GELATI
ACEDON
(frutta fresca
FRAPPÈ

'Salume e prosciutto', gesehen in Sarnico.

CLUSANE

Region **Lombardei** | Provinz **Brescia** | Einwohner **1 735**
Vorwahl **030** | GPS **45°39'44"N 10°0'8"E**

Clusane gehört zu Iseo

Clusane ist ein hübscher kleiner Ort im Süden des Iseosees mit einer großen Fischereitradition. Den Besucher erwartet ein kleiner historischer Kern, ein bedeutendes Castello und eine beachtliche Uferpromenade entlang einer schmalen Halbinsel, an deren Spitze die Schiffsanlegestelle liegt. Auf dieser Promenade (Lungolago) werden im Sommer unzählige Tische zu einer einzigen großen Tafel zusammengetragen, um das legendäre Fest '**Tinca al forno**' zu feiern. Für Besucher ist es nicht ganz leicht, aber wer einen Tisch ergattert hat, bekommt ein seit 1956 zubereitetes Gericht auf den Teller, das in Clusane eine große Tradition genießt: **die gebackene Schleie** (tinca tinca). Zu dem Fisch werden an diesen Tagen nur eine deftige Polenta und ein Schlückchen aus der nahe gelegenen Franciacorta gereicht. Meist bieten die Lokale einen Komplettpreis mit Vorspeise und Wein für ca. EUR 20,00 an. Die Schleie ist ein Karpfen-ähnlicher Süßwasserfisch, der – bis auf wenige Ausnahmen - in ganz Europa vorkommt.

Clusane ist nicht sehr groß, **erfüllt aber viele Kriterien für einen gelungenen Urlaubsort**. Der Ort ist auch noch recht ruhig, die Nähe zu Iseo ein Vorteil.

Der gute Speisefisch hat festes fettarmes Fleisch und lebt auch im Iseosee. Natürlich werden die Fische für dieses Event extra gezüchtet und gemästet, da der See eine solche Fangquote gar nicht verkraften könnte. Der Fisch wird bei diesem Fest frittiert und/oder im Backofen mit einem schönen Teig überbacken. Das Fest findet immer am dritten Wochenende im Juli statt.

Clusane im Süden

Bei klarem Wetter **einer der schönsten Blicke** auf den See. Hinten links erkennt man die große Isola und die mächtige Bergwelt vor dem Gardasee.

Clusane lag früher auf dem Territorium der Gemarkung Iseo, wurde **vorübergehend selbstständig** und gehört heute wieder zur Gemeinde Iseo. Aufgrund eindeutiger archäologischer Funde konnte man eine Frühbesiedelung der Römer nachweisen. Zwei Kirchen und ein recht gut erhaltenes Castello stehen für die mittelalterliche Geschichte des Ortes. Am südlichen Ufer reihen sich Campingplatz an Campingplatz, viele davon allerdings mit Dauercampern und nahe der Uferstraße.

FESTE UND VERANSTALTUNGEN

Die '**Settimana della Tinca al Forno con polenta**' (s.o.) findet immer in der dritten Woche im Juli statt und verdient ein klares Lob: dieses Fest sollte man unbedingt besuchen. Darüber hinaus wird mit dem '**Sagra delle aole**' ein weiteres Fest zugunsten einer kleineren Fischart (Aole) gefeiert, die in Mehl gewendet und frittiert wird (Mitte Mai am Sonntag). Berühmt ist auch der **Carneval von Clusane** im Februar mit Umzug und der Ferragosto am 15. August zu Ehren des heiligen Raphael.

Die '**Chiesa vecchia**'

SEHENSWERTES

Im Ort sind drei Kirchen zu sehen, die unterschiedlicher kaum sein können. Die neueste und vom Stil her ungewöhnlichste ist die Pfarrkirche 'risto Re' aus dem Jahre 1935. Sie steht links der Durchgangsstraße in der Via Luigi di Bernardo, 6. Der monumentale Bau verbirgt einige moderne Fresken und Kunstgegenstände aus Marmor. Sehenswert ist auch die Chiesa die **SS. Gervasio e Protasio**, die inmitten der alten Gassen ihrem stolzen Alter von 1 000 Jahren trotzt. Tatsächlich gibt es eine urkundliche Erwähnung aus dem Jahr 1093, der heutige Bau wurde allerdings später auf die Überreste dieser alten Kirche gesetzt. Die dritte Chiesa im Bunde ist das Oratorio di San Rocco nahe der Anlegestelle in der Via San Rocco, 2. Im alten Ortskern rund um SS. Gervasio e Protasio stellen die Via della Chiesa Vecchia, die Via Molino, die

Via Castello und die Via Ponta die wahren Zeitzeugen von Clusane dar, hier entdeckt man das ein oder andere Fragment aus früheren Zeiten.

CASTELLO DI CARMAGNOLA

Die Burg von Carmagnola ist ein überzeugendes Relikt einer Zeit, **in der Feudalherren ihren Reichtum dokumentierten.** Sie steht direkt an der Uferpromenade und kann am ersten Montag jeden Monats von 8.00 bis 11.00 und von 14.00 bis 17.00 Uhr besichtigt werden. Von Oldofredi im 14. Jahrhundert auf den Grundmauern einer älteren Festung erbaut, ging der Besitz in den Folgejahrhunderten durch vielerlei Hände. Um 1428 erhielt Francesco di Bussone (genannt Carmagnola) das Anwesen als Dank für im Krieg und in der Armee geleistete Dienste. Nur vier Jahre später wurde er hingerichtet, die Burg in Folge verkauft. Zahlreiche Renovierungen wurden im Laufe der Zeit getätigt, **besonders markant sind die Arkaden mit den filigranen Säulen, die kleinen Verbindungsbrücken und das noch sichtbare Grabensystem.** Via Porto 2 – 5 in Clusane.

Die Burg von Carmagnola ist ein überzeugendes Relikt einer Zeit, in der Feudalherren ihren Reichtum dokumentierten. Sie steht direkt an der Uferpromenade und kann am ersten Montag jeden Monats besichtigt werden.

FREMDENVERKEHRSAMT

Touristeninformation Clusane "O.T.C." Via Ponta, 23. **Rathaus** (Municipio di Clusane) Piazza Giuseppe Garibaldi, 10. 25049 Clusane. Offizielle Homepage der Kommune: **www.comune.iseo.bs.it.**

CLUSANE

EMPFEHLENSWERTE AUSFLÜGE | CLUSANE

Hinüber nach Sarnico (s. S. 145), Spaziergang entlang des Oglio (s. S. 73), unterwegs im Parco dell Oglio Nord (s. S. 73/76), Franciacorta (s. S. 46), Naturschutzgebiet Torbiere (s.S. 95).

SPORT UND FREIZEIT | CLUSANE

Nur ein paar Minuten südlich von Clusane befindet sich der Franciacorta Golf Club. Associazione Sportiva Dilettantistica Franciacorta Golf Club. Via Provinciale, 34/B. 25040 Nigoline di Corte Franca (BS). 030 984167. www.franciacortagolfclub.com.

STRÄNDE UND SEEBÄDER

An der Hauptstraße in Richtung Paratico (Via Risorgimento 132-134) liegt ein Freibad mit Strandzugang. Die Tageskarte gibt es ab EUR 7,50 pro Person.

UNTERKÜNFTE | CLUSANE

Schön ist die Lage ganz vorne an der Landzunge und entlang des Ufers. Weiter hinten im Ort liegen die Unterkünfte eher an sanften Hügel mit Aussicht.

Romantik Hotel Relais Mirabella Iseo Via Mirabella, 34. 25049 Clusane sul Lago. www.relaismirabella.it. Preise ab EUR 134,00 (DZ). Der Blick auf den See und die Bergwelt: fantastisch. Auch der Service überzeugt und macht die Anlage zu einer Top-Unterkunft. **Empire Resort Hotel** Del Dossello, 30. 25040 Clusane sul Lago. www.hotelempireresort.it. Preise ab EUR 80,00 (DZ). Nettes kleines und gut geführtes Hotel mit Blick auf den Iseosee. **TIPP | Hotel Punta dell'Est** Via Ponta, 163. 25040 Clusane sul Lago. www.hotelpuntadellest.it. Preise ab EUR 65,00. Einzigartige Lage an der Spitze der Halbinsel. Südlich des Ortes befinden sich zahlreiche Campingplätze, die zwischen Ufer und Straße hauptsächlich Dauercamper der Region anziehen.

VERSORGUNG | CLUSANE

Einige Geschäfte des täglichen Bedarfs sind entlang der Hauptstraße zu finden. Wochenmarkt: keiner.

ESSEN UND TRINKEN

In Clusane gibt es eine fast unüberschaubare Anzahl guter Restaurants.

Nicht alle können getestet und vorgestellt werden. Folgen Sie einfach Ihrem Gefühl, ein paar Tipps finden Sie hier: **Trattoria del Muliner** Via San Rocco, 16. 25049 Clusane sul Lago. 030 9829206. www.trattoriadelmuliner.it. Kleines und feines Lokal etwas abseits des Zentrums. **Ristorante Trattoria Al Porto** Porto dei Pescatori, 12. 25049 Clusane sul Lago. 030 989014. Gute Portionen, keine Außenplätze. **Ristorante Pizzeria Da Sandro** Via Carlo Lanza, 10. Clusane sul Lago. www.dasandroclusane.it. Gute Pizza.

MEDIZINISCHE VERSORGUNG

Farmacia Maculotti Paola Via Risorgimento, 191. 25040 Clusane.

WAS MAN NOCH WISSEN MUSS

Die Campingplätze liegen aufgrund des schmales Uferstreifens zu einer Seite an der stark befahrenen Hauptstraße. Achten Sie bei einer Reservierung auf eine klare Platzwahl.

Iseo - Die 'Hauptstadt' am Iseosee!

'Lungolago' Iseo

Beliebteste Spazierstrecke der Einheimischen und der Besucher. Das Lokal **am südlichen Ende der Promenade** hat eine tolle Terrasse.

ISEO

Region **Lombardei** | Provinz **Brescia** | Einwohner **9 094**
Vorwahl **030** | GPS **45°39'31"N 10°3'13"E**

Zur Gemeinde gehören: Bosine, **Clusane**, Cremignane, **Pilzone**, Covelo

Iseo ist der Namensgeber des Sees und Mittelpunkt der Region, in wirtschaftlicher und kultureller Hinsicht. Der Ort war immer schon ein begehrtes Objekt in den Jahrhunderte langandauernden Machtspielen der umgebenden Herrschaften. Anfangs unter Kontrolle der Stadt Brescia, ging das Besitzrecht später auf Venetien, schließlich an die Spanier, Habsburger und viele andere über. Mit Eingreifen der Garibaldi-Truppen endete das lange Wechselspiel. Die Bevölkerung feierte diesen Tag mit dem ersten Denkmal zu Ehren Garibaldis, das je gebaut wurde und heute noch in Herzen der Ortschaft am Hafen steht. Zwischenzeitlich gewann Iseo an ökonomischer Bedeutung: in der Wollverarbeitung und im Handwerk machte sich der Ort einen Namen.

Hier vorne am Porto Gabriele Rosa ist an den Sommerwochenenenden am meisten los. Viele Leute genießen **den Sonnenuntergang** auf den zahlrichen Bänken.

Iseo war auch Sammelplatz für Getreidelieferungen v.a. ins Camonica-Tal im Norden des Sees. Als Ende der 30'er Jahre der europäische Tourismus langsam in die Gänge kam, stellte der Ort mit dem Ausbau der Uferpromenade die richtigen Weichen. Heute bietet Iseo eine vielseitige Palette an touristischen Angeboten, Gastfreundschaft wird großgeschrieben, die Auswahl an Unterkünften (insbesondere Hotels) ist folglich überdurchschnittlich ausgeprägt. **Im Süden der Stadt finden sich einige Campingplätze**, das Sportzentrum, der Sportboothafen und das öffentliche Strand- und Schwimmbad auf einem riesigen naturnahen Areal.

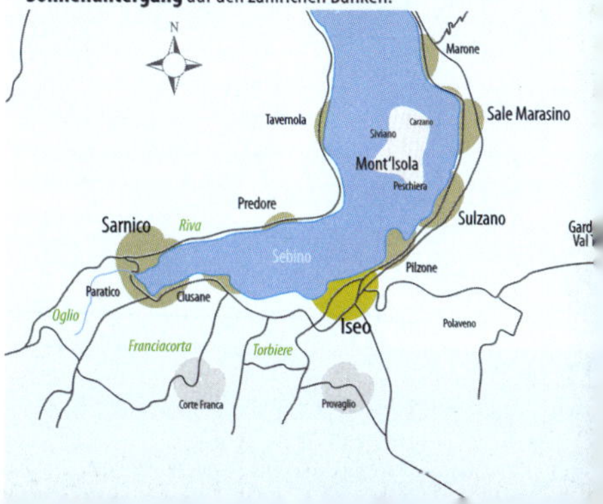

Iseo liegt **landschaftlich reizvoll** zwischen den letzten Ausläufern der Alpen und der Franciacorta, dem aufstrebenden Weinanbaugebiet im Süden des Lago. Die Anbindung an das italienische Bahnnetz ist heute noch ein wichtiger Faktor für Wirtschaft und Tourismus, ebenso wie das '**Centro commerciale le Torbiere**', ein großes Einkaufszentrum, das ca. 2 km südwestlich zum Bummeln einlädt. Iseo bietet zahlreiche Kirchen, ein altes Schloss, mehrere Museen und die gut erhaltene alte Ortsstruktur, allesamt in relativ kurzer Laufentfernung zu erreichen. Zu empfehlen ist die rund **1 km lange Uferpromenade**, sie führt vom südlichen Hafenbereich bis zum Krankenhaus der Stadt am nördlichen Ortsende. Viele Restaurants und Cafés stehen den Besuchern offen, die Auswahl fällt nicht leicht. Unterwegs trifft man auf das gut sortierte Tourismus-Büro in der Via Archetti, 6, wo in der Regel auch Deutsch gesprochen wird. Dienstag und Freitag ist Wochenmarkt: **Antiquitäten- und Kunsthandwerkermärkte komplettieren das Angebot.** Für Naturfreunde bietet das Gebiet um den Monte Cognolo ein attraktives Wandergebiet südlich von Iseo. Vom Gipfel des markanten 600'ers hat man einen genialen Blick auf Ort und See.

FESTE UND VERANSTALTUNGEN

Jährlich im Sommer findet das '**Iseo Jazz**'-Festival statt. An verschiedenen Plätzen der Gemeinde gibt es Konzerte mit nationalen und internationalen Jazz-Musikern. **www.iseojazz.it**.

Garibaldi

SEHENSWERTES

Iseo hat einen sehr schönen Stadtkern in der Nähe der Schiffsanlegestelle. Schnell erreicht man - am Denkmal für Gabriele Rosa vorbei - die **Piazza Garibaldi** mit dem Standbild, das 1883 von Bordini angefertigt wurde. Direkt daneben das historische Rathaus und die vielen von Arkadengängen beschatteten Geschäfte.

CASTELLO OLDOFREDI

Die Burg wurde im Laufe der Jahrhunderte mehrmals umgebaut, verändert und erweitert. Sicher ist nur, dass **das Gebäude im Jahre 1161 von König Barbarossa zerstört wurde**. Der rechteckige Bau

ARMA DELLA FAMIGLIA OLDOFREDI
CHE
SOLANGE-AIMEE E FRANCESCO OLDOFREDI
FAUTORE IL COMUNE
PONGONO A RICORDO DEGLI AVI
PROTAGONISTI DELLA STORIA D'ISEO
CASTELLO DEL XIII SECOLO
ISEO 1996

steht im alten Ortskern nahe der Fußgängerzone (Via Mirolte) und ist teilweise zu besichtigen. Im 13. Jahrhundert wurde das Castello auf Betreiben des Oldofredi-Clans neu aufgebaut, die Grundmauern und die vier Türme zeigen noch Fragmente der ursprünglichen Bausubstanz. Später wurde die Burg zu einem Kloster umgewidmet, **heute beherbergt sie die örtliche Bücherei und das Militärmuseum.**

PIEVE DI SANT'ANDREA

Von der Seepromenade gelangt man über die Via del Duomo bzw. die Via Pieve schnell zur **Piazza del Sagrato**. Die Frontseite der Kirche wird durch den Turm aus dem 14. Jahrhundert geprägt. Ursprünglich auf den Resten einer römischen Tempelanlage gebaut, ist die Kirche auch die Grabstätte des für den Ort Iseo so wichtigen Adligen Giacomo Oldofredi. Im Innern des Gotteshauses sind zahlreiche Fresken zu sehen, am Altar und über dem Eingang die kunstvollen Arbeiten eines Tizian-Schülers. Beachtenswert im Mittelschiff ist ein in den Boden eingelassener Grabstein aus dem Jahre 1765.

CHIESA DI SAN SILVESTRO

Hochinteressante alte Malereien verbergen sich hinter dem Altar. 1985 wurden diese im Zuge einer Renovierung freigelegt, die Fresken zeigen einen Totentanz in mehreren Szenen. Die Kirche aus dem 13. Jahrhundert wirkt wie ein normales Wohnhaus und befindet sich am Platz der Kirche Sant' Andrea auf der Piazza del Sagrato. Und damit nicht genug: Mit der Chiesa di S. Giovanni Battista gibt es einen weiteren Kirchenbau am Platz, das Äußere zeigt aber sofort, dass dieser vor Jahren geschlossen wurde.

In Iseo sind außerdem die **Chiesa Santa Maria del Mercato** in der Via delle Morolte sowie die **Santuario Madonna delle Neve** an der Rampa Capuccini mit kleinem Park zu besichtigen.

PALAZZO DELL' ARSENALE

Geschichtsträchtiger Bau im Zentrum von Iseo. Das ehemalige Handelshaus wurde bis in die 80'er Jahre als Gefängnis genutzt. **Heute ist es der Sitz des gleichnamigen Kulturzentrums**, das sich mit zahlreichen und interessanten Veranstaltungen in den Bereichen Kunst und Kultur einen Namen gemacht hat. Fondazione l'Arsenale. Vicolo Malinconia, 2. 25049 Iseo 030/981011. **www.arsenaleiseo.it**.

FREMDENVERKEHRSAMT

IAT Lago d'Iseo - Franciacorta Lungolago Marconi 2 c. 25049 Iseo. T +39 (0)303748733. F+39 (0)30981361. iat.iseo@provincia.brescia.it. **Rathaus** (Municipio d'Iseo) Piazza Giuseppe Garibaldi, 10. 25049 Iseo. Offizielle Homepage der Kommune: **www.comune.iseo.bs.it**.

Die Piazza Giuseppe Garibaldi in Iseo

AUSFLÜGE IN DIE UMGEBUNG | ISEO

Empfehlenswerte Ausflüge: Spaziergang entlang des Oglio (s. S. 73), unterwegs im Parco dell Oglio Nord (s. S. 73/76), Franciacorta (s. S. 46).

RISERVA NATURALE TORBIERE DEL SEBINO

Das 360 ha große Naturschutzgebiet umfasst eine außergewöhnliche Sumpflandschaft im Süden von Iseo. Das Areal wurde früher zum **Abbau von Torf** und später zur **Gewinnung von Ton** genutzt. Heute bietet es einen geschützten Lebensraum für viele selten gewordene Tierarten. Erst nach 1970 wurde die Nutzung aufgegeben und mit der Renaturierung begonnen. Mit Erfolg: Der Park stellt heute ein willkommenes Freizeitziel der Urlauber und Einheimischen dar. Hauptsächlich während der Brutzeiten ist der Andrang groß – während dieser Zeit sind die Ornithologen Tag und Nacht unterwegs. Der Haupteingang mit großem Parkplatz jenseits der Straße befindet sich an der Ortsgrenze von Iseo, ein Besucherzentrum informiert mit Flyern und geschulten Mitarbeitern über die naturkundlichen Angebote. **Drei Erkundungstouren** wurden von der Parkverwaltung angelegt, eine im Norden, eine in der Mitte und eine im Süden. Die einzelnen Strecken lassen sich ohne Probleme kombinieren, sodass insgesamt gut 10 km Strecke zur Verfügung stehen. Ein Birdwatching-Turm befindet sich ebenfalls an geeigneter Position. Wegen der Lichtverhältnisse sind die Morgen- und Abendstunden für einen Besuch zu empfehlen.

Informationen unter **www.torbiere.it** in italienischer und englischer Sprache. Riserva Naturale Torbiere del Sebino Via Europa, 5, 25050 Provaglio d'Iseo.

Unterstand zur Beobachtung der Vogelwelt

Steg im **'Torbiere'**

PILZONE (ORTSTEIL)

Pilzone war lange Zeit autonom, heute jedoch gehört der kleine Ort rund um die schöne Halbinsel 'Montecolo' zu Iseo. Im Süden und im Norden befindet sich jeweils ein Yachthafen, darunter auch ein großes Wassersportzentrum mit der Möglichkeit, Motorboote aller Art auszuleihen. Am Wochenende und in den Ferienmonaten ist entsprechend viel Betrieb an den Stegen. Für diejenigen, die an Land bleiben, gibt es einige schmale Badestellen. An der zum See zugewandten Seite liegen landschaftlich reizvoll mehrere Campingplätze, was die Bedeutung Pilzones für den Tourismus am Iseosee unterstreicht. Leider sind diese zum Großteil von Dauercampern belegt. Zu erwähnen ist die **Chiesa Parrocchiale della Madonna Assunta** (16. Jahrhundert), die Pfarrkirche Pilzones in unmittelbarer Nähe des Bahnhofs. Aus dem Uhrwerk wächst ein Feigenbaum! Entlang der Hauptstraße liegen einige Hotels, Restaurants und Geschäfte. Weiterhin interessant ist der Besuch der Chiesa di S. Tommaso (15. Jahrhundert) im Centro Storico der Gemeinde. Eine gut gemachte Infotafel informiert über die Geschichte des alten Ortskerns, die wichtigsten Gebäude werden genannt und erklärt (italienisch/englisch).

Gut essen kann man in der Pizzeria '**La Perla**' in der Via Fenice 3/c beim Sporthafen. Das **Araba Fenice Hotel** in der Via Fenice, 4 liegt direkt am See (Zimmer zur Straße meiden).

Kirche mit Feigenbaum

DIE ANTICA STRADA VALERIANA (ASV)

Für Wanderer ist Pilzone aus einem anderen Grunde hochinteressant. Gegenüber der Kirche am zentralen Platz der Gemeinde beginnt ein schöner, **ca. 20 km langer Saumpfad von Pilzone nach Pisogne**, die Antica Strada Valeriana. An der Kreuzung dazu einfach der Straße bergauf, am Zeitschriftenladen/Brunnen vorbei bis zur Infotafel folgen: diese Tafel zeigt den Streckenverlauf und gibt die wichtigsten Zwischenziele bekannt. Der Weg ist übrigens sehr gut mit Infotafeln und Kurzwegweisern ausgeschildert, ein Verlaufen fast unmöglich. Die Bezeichnung für diesen alten Handels- und Verbindungsweg von Nord nach Süd variiert immer wieder, lassen Sie sich davon nicht stören. **Die Strecke führt auf alten Kopfsteinpflasterwegen zunächst nahe dem Ufer an Sulzano und Sale Marasino vorbei bis nach Marone.** Hier steigt der bislang relativ flach verlaufende Weg steil an, bis auf 900 m windet sich der Wanderpfad zum Bergort Zone. Nach ca. 2 Stunden erreicht man Pisogne, den Zielpunkt der Wanderung. Unterwegs trifft man auf zahlreiche interessante und historische Denkmäler, von den Naturschönheiten und Weitblicken ganz zu schweigen.

Diese Tour gehört zu den Top-Unternehmungen am Lago d'Iseo. Zurück geht es mit Bahn oder Schiff – es empfiehlt sich, dazu stets die aktuellen Fahrpläne mit sich führen. In vielen Tourismus-Büros liegen Wanderkarten der Comunità Montana Sebino aus oder können für wenig Geld erstanden werden. Ein relativ kurzer Wanderweg (Sentiero 7) führt von Pilzone hinauf zur Chiesa S. Fermo, einer kleinen Kapelle, die jeder Pilzone-Besucher sofort oben auf dem Felsvorsprung entdeckt. Der Aufstieg ist steil, der Ausblick von oben genial. Weitere ausgeschilderte Wanderrouten erschließen das gesamte bergige Hinterland von Pilzone.

Unterwegs auf der Valeriana

Noch viel mehr solche Blicke kann man auf der Valeriana erhaschen. Die Steigungen halten sich in Grenzen, **teilweise** ist der Weg mit dem Rollstuhl befahrbar.

Viel **Kopfstein** auf der 'ASV'

SPORT UND FREIZEIT | ISEO

Iseo ist eine Sporthochburg. Hier findet man mit IseoBike eine richtig gute Fahrradvermietung mit zahlreichen Tourenvorschlägen auch in deutscher Sprache. Für Wanderer ein Paradies sind das Naturschutzgebiet **'Torbiere'**, die südliche Franciacorta und das schöne Bergland rund um den **'Hausberg' Monte Cognolo.**

WANDERUNGEN

Von Iseo aus gehen einige interessante Bergwanderungen ins grüne Hinterland, als Rundwanderung oder als Etappenwanderung. **Sentiero 243** führt von einem Parkplatz (bei der Agip-Tankstelle, Via Roma, 14) hinauf in die Berge und vor der Kirche Madonna del Corno links abzweigend bis zum Gipfel des Monte Cognolo. Schauen Sie sich aber zuvor die schmucke Kirche an, ein schöner Blick auf Provaglio und den Torbiere ist die wenigen Minuten Umweg ebenfalls wert. Über den **Sentiero 290** könnte man jetzt auch nach Provaglio absteigen und die Tour mit der Begehung des Naturschutzgebietes beenden. Eine andere Möglichkeit ist es, dem **Sentiero 244** (zunächst parallel zum Sentiero 242) zu folgen, dann aber über den Aussichtsfelsen Corno del Grili etwas weiter nordöstlich in Iseo ungefähr auf Höhe des Supermarktes Zerbimark (Via Bonardi) herauszukommen. In ca. 10 min ist man wieder am Parkplatz. Der o.g. Sentiero 290 führt von Provaglio d'Iseo bis Zone. Wer gut zu Fuß ist, kann damit einen Großteil der Ostseite des Iseo abwandern und kommt an den schönsten hiesigen Bergzielen vorbei. Eine weitere Wanderung (Sentiero 241) führt von Iseo auf halber Höhe in Richtung Pilzone zum Punto del L'Orto, einem überragenden Aussichtspunkt oberhalb des Sees. Eine Variante (Sentiero 242) bringt den Wanderer zur Kirche San Fermo oberhalb von Pilzone. Ausgangspunkt ist eine Abzweigung an der Via Bonomelli, 29 beim Richtungsschild nach Polaveno. Die Touren sind alle nicht allzu lang und ausgeschildert (rot-weiße Schilder mit dem Ziel und der jeweiligen Nummer). **Vergessen Sie nicht, geeignetes Kartenmaterial mitzunehmen.**

STRÄNDE UND SEEBÄDER

Gut besuchtes Schwimmbad **mit hohem Partyfaktor**, direkt am See. Lido Belvedere Sas. Via Rovato, 28. 25049 Iseo. 030 980970. **www.lidobelvedereiseo.it.** Eintritt ab EUR 9,00 (Tageskarte).

UNTERKÜNFTE | ISEO

Wer spät bucht, kann schon einmal Pech haben. Viele Unterkünfte sind dann schon ausgebucht.

I Due Roccoli Via Silvio Bonomelli/Strada per Polaveno. 25049 Iseo. www.idueroccoli.com. Preise ab EUR 130,00. Traumhafte Lage auf einer Anhöhe in Richtung des Bergdorfs Pavaleno. **Araba Fenice Hotel** Via Fenice, 4. 25049 Iseo/Pilzone. 030 9822004. www.arabafenicehotel.it. Preise ab EUR 120,00. Gut geführtes Hotel direkt am See. Engagiertes Personal, Zimmer zur Straße meiden. **Borgolago Suites** Via Sambuco, 23. 25049 Iseo. 030 9822497. www.borgolago.com. Preise ab EUR 90,00 (Apartment). Sehr hochwertige Ausstattung und zentral gelegen. Neuwertig. **Agriturismo La Tesa** Via Silvio Bonomelli. 25049 Iseo. 030 9822984. www.latesa.it. Preise ab EUR 100,00. Auf der Straße nach Pavaleno gelegener Bio-Betrieb mit Pool. Auf dem Gelände befindet sich auch ein Campingplatz. Für Naturfreunde sehr zu empfehlen. **Veraiseo B&B** Vicolo delle Candele, 12. 25049 Iseo. 030 2053898. www.veraiseo.it. Einfache saubere Pension in der Nähe des Krankenhauses. **Bed&Breakfast Il Pescatore** Via Sambuco, 35a. 25049 Iseo. www.bbpescatore.it. Preise ab EUR 60,00. Schön renoviertes und verstecktes Haus mit kleinem Gemeinschaftsgärtlein. **Camping Sassabanek** Via Colombera, 2. 25049 Iseo. Großzügiger Platz mit Camping, Mobilhomes, Bungalows und Apartments. Viele Anlegestellen für Motor- und Segelboote. **Camping del Sole** Via per Rovato, 26. 25049 Iseo. www.campingdelsole.it. Zentrumsnaher schöner Campingplatz mit Sportangeboten. Zwei weitere Campingplätze am nördlichen Ortsende: **Camping Punta d'Oro** und **Camping Iseo**. Beide direkt am See, sehr gut geführt und in deutscher Hand. Camping Punta d'Oro. Via Antonioli 51/53. 25049 Iseo. www.camping-puntadoro.com. Camping Iseo. Via Ippolito Antonioli, 57. 25049 Iseo. www.campingiseo.it.

VERSORGUNG | ISEO

Das Einkaufszentrum ca. 2 km außerhalb von Iseo bietet einen großen Supermarkt, einen Elektronikmarkt und viele weitere Geschäfte. Wochenmarkt: Dienstag und Donnerstag vom Bahnhof bis zum See.

ESSEN UND TRINKEN

Trattoria Al Castello Via Mirolte, 53. 25049 Iseo. 030 981285. www.trattoriaalcastello.it. Gehört zum Besten am See. Tolle Qualität, nettes Personal. **Osteria la Tana dell`Orso** Via Pieve 4/a. 25049 Iseo. 030 9821616. Sehr gutes Lokal. An der Uferpromenade reiht sich ein Lokal an das andere, in der Regel in guter Qualität – mit besonders liebevollem Service brauchen Sie allerdings nicht immer zu rechnen. Wählen Sie einfach dem Anlass angemessen.

EINKAUFEN

In und um Iseo gibt es zahlreiche Einkaufsmöglichkeiten. In der Via Roma 82 kann man z.B. regionale Produkte erstehen. In der Innenstadt überwiegen eher kleine Spezialitäten- und Weingeschäfte. Größerer Supermarkt vor den Toren Iseos (s.o.) und zentral ein größerer Supermarkt (Zerbimark) mit SB-Kasse (!) in der Via Roma 35.

MEDIZINISCHE VERSORGUNG

Farmacia Comunale Iseo Via Roma, 80. Farmacia Gandossi Snc. Piazza Giuseppe Garibaldi, 38. **Farmacia Maculotti Paola** Via Risorgimento 47. Ospedale Civile di Iseo. Via Giardini Garibaldi, 7. 25049 Iseo. 030 98871.

WAS MAN NOCH WISSEN MUSS

Iseo ist rundum ein angenehmer Urlaubsort mit ordentlicher Infrastruktur. Natürlich ist es im August sehr voll, Tausende Städter reisen aus dem Süden für ein Wochenende an und der Trubel ist groß; trotzdem wird das Urlaubsgefühl dadurch nicht wesentlich beeinträchtigt. Am schönsten genießt man den Ort in den Abendstunden kurz vor und kurz nach dem Sonnenuntergang, die Stimmung ist einfach fantastisch.

Hafen in Iseo (mit Gastanliegern)

Trödelmarkt in Iseo

An den Sommerwochenenden ist immer etwas los in Iseo. Auf der Piazza ist eine Bühne aufgebaut, in unmittelbarer Nachbarschaft bieten die Marktleute Waren an.

Schiffsanleger Iseo

Iseo ist ein guter Startpunkt für eine **Rundfahrt über den See**. Private Boote (z.B. Wassertaxi) kosten immer etwas mehr, sind aber flexibler.

SULZANO

Region **Lombardei** | Provinz **Brescia** | Einwohner **1 969**
Vorwahl **030** | GPS **45°41'0"N 10°6'0"E**

Zur Gemeinde gehören: Martignago, Tassano

Sulzano ist ein sympathischer und lebendiger Ort gegenüber der Monte Isola. Die Entfernung zur größten Binnenseeinsel Italiens beträgt hier nur 740 m, ein Linienschiff und einige private Anbieter bringen die Gäste mehrmals am Tag hinüber nach Peschiera Maraglio, dem schönsten Ort der Isola. Eine einfache Überfahrt kostet für Erwachsene EUR 2,20, für Kinder EUR 1,55. Hin und zurück das Doppelte, Fahrräder EUR 2,55. **Zentrum von Sulzano ist das Rathaus**, das mit moderner ungewöhnlicher Architektur viele Blicke auf sich zieht.

Von Sulzano aus kann man wunderbar in die dahinter liegende Bergwelt gelangen. **Zu Fuß** vom Bahnhof aus oder mit dem Auto ein paar Höhenmeter nach oben.

Hier kann man sich auch mit Informationen über Sulzano und die Umgebung versorgen. Der Uferbereich, der unterhalb des Rathauses beginnt, ist ansprechend gestaltet, entsprechend groß ist der Rummel man am Wochenende hier am Touristenhafen. **Entlang des Ufers** (Via Luigi Cadorna) liegen verstreut einige interessante ehemalige Adelshäuser, etwas südlich beginnt ein kleiner Altstadtbereich mit dem Kirchlein Santa Elisabetta.

Sulzano war ursprünglich nicht mehr als ein befestigter Hafen für das **Bergdorf Martignago**. Erst später wurde der ganze Uferstreifen trockengelegt und bebaut, mit Hilfe der Kalkproduktion und der Wollverarbeitung wuchs der kleine Marktflecken zur heutigen Größe heran, freilich unterstützt durch die Fertigstellung der Bahnstrecke. Von Sulzano aus führen zahlreiche Wanderwege in die nahe gelegene Bergwelt, aufgrund des sagenhaften Blicks auf die Isola sehr empfehlenswert.

FESTE UND VERANSTALTUNGEN

Das **Sagra del Cinghiale** findet immer während des Monatswechsels September/Oktober statt. Die meisten lokalen Gasthäuser nehmen in diesen Tagen etliche **Wildschweingerichte** auf die Tageskarte. Für ca. EUR 25,00 bekommt man ein deftiges Menü inkl. Getränk (Hauswein). Eine Reservierung ist unbedingt notwendig. Die Associazione Culturale Arte Musica Nistoc veranstaltet Ende Juli/Anfang August ein **Gitarrenfestival** in den Bergen oberhalb Sulzanos (Lassano). Ende April gibt es das Palio del Drago, ein mittelalterliches Straßenfest, das an den Sieg Sankt Georgs über den Drachen aus dem See erinnert.

SEHENSWERTES

Am besten beginnt man die kleine **Erkundungstour** am Hafen. Folgen Sie der Via Cadorna in die Altstadt mit ihren schönen Fassaden, alten Laternen und vielen romantischen Seeblicken. An der Hauptstraße überqueren Sie auf der Via Chiesa die Eisenbahnstrecke; schließlich stehen Sie auf dem Kirchplatz vis à vis der eleganten Fassade und dem freistehenden Campanile (Kirchturm) der **Pfarrkirche Sankt Georg** (Chiesa Parrocchiale di Giorgio). Die im Inneren reich verzierte Kirche wurde gegen 1700 fertiggestellt, die Vorkirche stammt aus dem 16. Jahrhundert. Bemerkenswert ist die von Francesco Bossi gebaute Orgel. Folgen Sie der Straße weiter, sie geht später in die Via Armando Diaz über. Nach ca. 10 min. erreichen Sie die Santuario di San Fermo, ein kleines Kirchlein mit toller Aussicht an der Via Gazzane.

CHIESA SANTA MARIA DEL GIOGO

Die Kirche liegt auf dem Grat der Bergkette zwischen dem Valcamonica (Iseosee) und dem Val Trompia. Der Aufstieg dorthin ist anstrengend, aber gut machbar, in jedem Fall ein Erlebnis. Natürlich führt auch eine schmale Fahrstraße hier hoch, diese ist aber langwierig und am Ende recht eng, für sportliche Radfahrer eine Herausforderung. **Das Gotteshaus auf 968 m gehört zur Gemeinde Polaveno.** Viele Wallfahrer und Pilger sind unterwegs, vor allem aber Bergwanderer, die hier, den **Sentiero del 3 Valli** begehend, vorbeikommen. Im Inneren sind einige alte Marienfresken zu sehen.

CHIESA SAN FERMO

Über einen kurzen Wanderpfad ist die Kirche San Fermo leicht oberhalb von Sulzano zu erreichen. Erwähnenswert ist das Fest 'Quinquennale', das hier jährlich an fünf Tagen Anfang August gefeiert wird. Tägliche Gottesdienste und ein feines Rahmenprogramm runden die Veranstaltung ab.

Schmale Gasse hinter der Uferlinie

Die Isola schon fest im Blick!

FREMDENVERKEHRSAMT

Pro Loco Sulzano Via C. Battisti, 91. 25058 Sulzano (Bs). T +39 (0)30 985088. Ufficio Turismo T +39 (0)30 985141. **Rathaus** (Municipio di Sulzano) Comune di Sulzano Via Cesare Battisti, 91. 25058 Sulzano. T +39 (0)30 985141. **www.comune.sulzano.bs.it**.

EMPFEHLENSWERTE AUSFLÜGE | SULZANO

Überfahrt zur Monte Isola (s. S. 110), Ortsbesichtigung Iseo (s. S. 89).

DIE MONTE ISOLA

Die größte Binnenseeinsel Südeuropas (knapp 5 km^2) ist eines der Topziele der Region. Sie wird von der öffentlichen Schifffahrt regelmäßig ganzjährig angefahren. Auf der Insel wohnen ca. 1 800 Menschen verteilt auf mehrere Ortschaften am Ufer und in den Bergen. Der größte und beliebteste Ort ist Peschiera Maraglio an der Südspitze der Insel. Hier erinnert alles an die schönsten Orte Italiens; die mittelalterlich wirkenden Gebäude ziehen sich wohl angeordnet den Berghang hinauf. **Das klare Wasser hat eine hohe Anziehungskraft**, auch wenn es im Ort leider keine Badestelle gibt. Geschäfte und Restaurants erfüllen ihre Aufgabe mit Bravour, satt und zufrieden kehrt man der Insel am Abend wieder den Rücken.

Von Peschiera, aber auch von anderen Orten am Ufer aus, führen **Wanderwege ins Inselinnere**, das an seinem höchsten Punkt ca. 400 m hoch liegt. Höchster Punkt ist die beliebte Kirche 'Santuario della Madonna della Ceriola' mit einem Superblick auf den Lago. Die **schweißtreibende Wanderung** führt durch Wälder und offene Bereiche in ca. 1 h auf den Gipfel. Es gibt einen Kreuzweg, eine kleine Gaststätte und die Kirche selbst. An der Tür kann man den regen Besuch an einer Fotowand nachvollziehen, wobei natürlich nur die wichtigsten Pilgerschaften gezeigt werden. Wählen Sie einen klaren Tag, um die Sicht bis an die Enden des Sees zu genießen. Für den Rückweg wählt man die Variante nach Carzano, den zweitgrößten Ort auf der Isola.

Blick vom Wanderweg zur Insel. **Eine schöne und anstrengende Strecke**. Der Blick von der Kirche auf den Gipfel ist allerdings unschlagbar.

Peschiera auf der Isola

Einer der schönsten Fleckchen am Iseosee. Für die Insel sollte man schon **zwei Tage einplanen**, um auch die Bergorte zu besuchen.

Höchster Punkt der Insel

Höchster Punkt ist die beliebte Kirche '**Santuario della Madonna della Ceriola**' mit einem Superblick auf den Lago. Oben ist auch eine kleine Osteria!

Von hier kann man ebenfalls ans Festland zurück. Carzano feiert alle 5 Jahre ein regelrechtes Superfest. Das '**Santa Croce**' erinnert an die Zeit, in der das gesamte Land von der Pest befallen war, Carzano aber verschont blieb. Eine Mutter, deren Kind dort von den Dorffrauen geheilt wurde, schmückte zum Dank, so die Legende, den Ort mit Tausenden von Blüten. Heute verwandelt sich das Dorf in der Festwoche im September regelrecht in ein Blütenmeer aus Papierblumen. Das nächste Fest findet 2015 statt. **Informationen auch unter www.monteisola.eu**.

Wer will, kann die autofreie Insel einmal ganz umrunden oder wählt Teilanstiege zu den jeweiligen kleineren Orten. Auch eine Buslinie verbindet die einzelnen Ortschaften, die Tarife sind günstig. **Urlauber mit hohem Ruhebedürfnis** sind in den zahlreichen Domizilen auf der Insel hervorragend aufgehoben. Die Preise liegen deutlich unter denen am Festland, auf der Ostseite entstanden und entstehen weitere auch gut ausgestattete Unterkünfte.

Ein empfehlenswertes Hotel auf der Insel ist das '**La Foresta**' ca. 2 min. westlich von Peschiera Maraglio. Für 90 EUR gibt es hier ein Zimmer mit Seeblick, unten am Wasser wartet ein kleiner Steg mit Liegestühlen. Auf der Gartenterrasse kann man wunderbar frühstücken. **Hotel La Foresta** Via Peschiera Maraglio 174. Montisola (BS). T +39 (0)30 9886210. www.forestamontisola.it. Wer es aufwändiger liebt, wählt die **Residence Castello Oldofredi** in einem unschlagbaren mittelalterlichen Ambiente. Der Service ist aber von heute und exquisit, die Apartments von historisch bis modern eingerichtet. Castello Oldofredi Residence Ristorante Peschiera Maraglio/Monte Isola (BS). T +39 (0)338 8222202. www.oldofrediresidence.it. Die Insel lässt sich übrigens auch problemlos mit dem eigenen Boot anfahren, bei Peschiera stehen ca. 10 Gastanlieger zur Verfügung.

CASCATA DEL PETOI

Von der Via Tassano in Sulzano zweigt in einer engen Kehre eine neu gebaute Brücke **zu den Wasserfällchen** ab. Vor Jahren gab es heftige Proteste gegen den Neubau, verschlang er doch eine Summe von 80 000 Euro. Die Brücke sollte mehr Besucher anlocken, die alte wirkte zu baufällig. Zu sehen sind ein kleiner Wasserfall und eine Mariengrotte mit Tropfsteingebilden.

SPORT UND FREIZEIT | SULZANO

In Sulzano ist ein **Zentrum für Drachenflieger.** Im Delta Club kann man Kurse belegen, Tandemsprünge buchen oder sich über das Fluggebiet informieren. Informationen im Delta Club Sebino, Via Tassano, 14. 25058 Sulzano. T +39 (0)335 5278862. www.deltaclubsebino.com.

WANDERUNGEN

Von der Hauptstraße ungefähr auf Höhe des Rathauses führt ein **Fußweg über eine Treppe zum Bahnhof**. Hält man sich rechts, geht es bald über die Schienen und an der Pfarrkirche vorbei (hinter der Kirche ist ein großer Parkplatz) aufwärts zur Chiesa San Fermo mit schönem Blick auf Sulzano und die Monte Isola. (An dieser Stelle führt auch die Antica Strada Valeriana (s. S. 98) vorbei.) Von der Kirche aus führen Wanderwege weiter nach oben z. B. zur Kapelle Santa Maria del Giogo, von wo es entlang dem Berggrat zu verschiedenen Gipfeln weitergeht. **Zahlreiche Rifugis** (sprich: rifudschis) (bewirtete Berghütten; meist nur am WE geöffnet) laden die Bergwanderer zu erweiterter Hausmannskost ein. Der Blick nach Osten zeigt das Val Trompia mit dem Hauptort Gardone Val Trompia. Übrigens befindet man sich jetzt auf dem Weitwanderweg 'Tre Valli bresciano', der drei Täler in einem Gebiet nördlich von Brescia verbindet und durchgehend mit 'Sentiero 3V' gekennzeichnet ist. Die Tour wird sinnvollerweise in acht Etappen gelaufen, jede zwischen fünf und sieben Stunden lang. Informationen auch unter www.cai.bs.it (Club Alpino Italiana).

UNTERKÜNFTE | SULZANO

In Sulzano nächtigt man ganz vorne an der Uferlinie. Unterkünfte nahe der Bahnlinie sind günstiger, nachts fahren kaum Züge!

Hotel Rivalago Via Cadorna 7. 25058 Sulzano. Bestes Hotel in perfekter Lage. Preise ab EUR 128,00 (DZ). www.rivalago.com. **Villa Rosa** Ristorante Pizzeria Albergo. Via Cesare Battisti, 47. 25058 Sulzano. 030 985557. www.villarosa-sulzano.it. Preise ab EUR 60,00 (DZ). Tolle Lage für einen sehr guten Preis. Keine Luxusherberge. Tolle Pizza. **Albergo Aquila** Via C. Battisti, 87. 25058 Sulzano. 030 985383. Einfaches Albergo direkt an der Hauptstraße. Günstig. Preise ab EUR 70,00. **Costa Paradiso** Via C. Battisti, 21. 25058 Sulzano. 032 96883595. www.costaparadisoiseo.it. Bestlage mit einem riesigen Grundstück direkt am See. Preise ab EUR 100,00 (Ein-Zimmer-Appartment). **B&B Uliveto** Via Dosso, 4. 25058 Sulzano. 030 985636. Schöne Hanglage mit Garten. www.bedbreakfast-uliveto.it.

VERSORGUNG | SULZANO

Kleinere Geschäfte entlang der Durchgangsstraße. Ein Supermarkt befindet sich in der Via Cesare Battisti, 80 (Super bonto). Der Wochenmarkt findet am Dienstag auf der Piazza 25 Maggio (beim Rathaus) statt.

ESSEN UND TRINKEN

Trattoria Cacciatore Via Molini, 28. 25058 Sulzano. 030 985184. Stimmungsvolles ehrliches Ambiente. Einfache aber gute Küche. www.trattoriacacciatore.it. **Le Palafitte & Co** Via Cesare Battisti, 7. 25058 Sulzano (Pilzone). 030 985466. Außergewöhnliche Lage auf einem schwimmenden Ponton. In-Treff der örtlichen Partyszene. www.lepalafitte.net.

MEDIZINISCHE VERSORGUNG

Farmacia Festa Maria Rosa Via Battisti, 80. 25058 Sulzano.

WAS MAN NOCH WISSEN MUSS

Wenn man das letzte Schiff zur Isola oder nach Sulzano verpasst hat, hilft nur noch das **Wassertaxi**. Sprechen Sie unbedingt vor Fahrtantritt über die Kosten, um keine Überraschungen zu erleben.

SALE MARASINO

Region **Lombardei** | Provinz **Brescia** | Einwohner **3 383**
Vorwahl **030** | GPS **45°43'0"N 10°7'0"E**

Zur Gemeinde gehören: -)

Von Süden kommend ergeben sich zunächst wenig spektakuläre Einblicke, ein Touristenort sieht anders aus. Ein Baumarkt auf der rechten, ein Campingplatz auf der linken Seite der Uferstraße, viel mehr ist nicht zu entdecken. Rechter Hand folgen einige einfache Hotels, die mit Angebotstafeln für ihre Mittagskarte werben. Die Pizzeria gegenüber dem öffentlichen Strandbad ist an den Sommerwochenenden sicherlich gut besucht, die vielen Biertische lassen diese Vermutung jedenfalls zu. In direkter Nachbarschaft befindet sich eine der bedeutendsten Renaissance-Bauten der Region – **die Villa Martinengo Villagana**. Leider sind nur die Außenmauern des massiven Baus zu besichtigen, nicht einmal der angrenzende Park ist für die Öffentlichkeit geöffnet. Der gesamte Komplex wurde um das 5. Jahrhundert gebaut und ist heute Zeuge der Blütezeit, als in Sale mit Holzkohle, Wolle und Olivenöl viel Reichtum erwirtschaftet wurde.

Die Kirche ist **das zentrale Element in Sale Marasino.** Leider kann der Ortsverbund die hohen Erwartungen bei Ankunft mit dem Schiff nicht erfüllen.

Damals waren **die beiden Orte Sale und Marasino**, das römischen Ursprungs ist, noch getrennt. Unangefochtener Mittelpunkt von Sale ist die prächtige Pfarrkirche San Zenone oberhalb der sehenswerten Uferpromenade (gegenüber der Schiffsanlegestelle). Der mächtige Bau wurde Mitte des 18. Jahrhunderts fertiggestellt und erinnert in seiner Form an den Dom von Brescia. Im Inneren der Kirche finden sich zahlreiche Fresken, kunstvolle Holzstatuen und ein sehenswerter Altar. Hinter der Kirche

San Zenone

Der mächtige Bau wurde Mitte des 18. Jahrhunderts fertiggestellt und erinnert in seiner Form an den Dom von Brescia.

in nördlicher Richtung liegt der alte historische Ortskern von Sala Marasino. Am besten beginnen Sie Ihren Rundgang am kleinen Supermarkt gegenüber der Metzgerei. **Rund um die Via Zirotti** lassen sich einige interessante Bauten aus dem Mittelalter in einem entsprechend engen Straßen- und Wegenetz entdecken. **Per Linienschiff** kann man anschließend von Sale aus gemütlich nach Carzone übersetzen, einem kleinen Ort auf der Monte Isola.

FESTE UND VERANSTALTUNGEN

Der Wochenmarkt findet jeden Mittwoch an der Via Mazzini (bei der Kirche) statt. Am 12. April wird das **Pfarrfest San Zenone** mit vielen Veranstaltungen gefeiert, im Juli ein kleines Stadtfest und im September ein Kürbisfest. Im selben Monat findet eine kleine Messe zum Thema Agriturismo statt.

SEHENSWERTES

Als Hinterlassenschaft der wirtschaftlichen Hochzeiten in der Vergangenheit finden sich im Ort ein paar sehenswerte Herrschaftshäuser. Neben der schon genannten Villa Martinengo an der Uferstraße sind dies die Villa Mazzucchelli, der Palazzo Giugni (Via Zirotti), der Palazzo Sbardolini und die Casa Turla Taccini. Leider sind die Gebäude sehr selten geöffnet. **Zu besichtigen sind die zahlreichen Kirchen der Gemeinde**, an erster Stelle die Chiesa di San Zenone, die dem Schutzpatron der Fischersleute geweiht ist. Die Kirche steht auf den Fundamenten einer Kirche aus dem 13. Jahrhundert. Direkt daneben ragt die alte Kirche Santa Maria mit einem Glockenturm aus dem 5. Jahrhundert auf. Etwas entfernt vom Ortskern kann man die Chiesa di San Pietro di Disciplini (Ortsteil Curetto) und die Chiesa di San Giovanni Battista (Conche) erkunden. Weiter oben am Hang, im Ortsteil Marasino, befindet sich die alte Pfarrkirche Sant'Antonio abate.

FREMDENVERKEHRSAMT

Ufficio Turistico (nur Juni/Juli/August). Sale Marasino. Via Mazzini, 71. 25057 Sale Marasino. 030986533. **Rathaus** (Municipio) Via Mazzini, 75. 25057 Sale Marasino (BS). T +39 (0)30 9820921. **www.comune.sale-marasino.bs.it**.

EMPFEHLENSWERTE AUSFLÜGE | SALE MARASINO

Überfahrt zur Monte Isola (s. S. 110), Einstieg in die Antica Strada Valerina (s. S. 97), Ausflugsfahrt nach Zone (s. S. 129).

SPORT UND FREIZEIT | SALE MARASINO

Bergsport steht im Vordergrund. Fragen Sie in der 'Information' nach Wegen und Kartenmaterial.

WANDERUNGEN

In Portole, das man über eine enge Serpentinenstraße erreicht, beginnt **ein schönes Wandergebiet mittleren Anspruchs**. Ziel ist die Punta Almana, mit 1 310 m der höchste der direkt am Iseosee liegenden Berge. Am besten, Sie parken an der kleinen Trattoria Portole oberhalb des Ortes. Die Straße geht zwar weiter, wird aber im weiteren Verlauf zu nichts weiter als zwei Betonstreifen in der Landschaft, geeignet bestenfalls für die typischen italienischen Mini-Transporter bzw. Quads. **In schöner Aussichtslage** steigt der Weg relativ steil an. Bald gelangt man zu einer Gabelung, an der man sich zwischen zwei Tourvarianten entscheiden muss. Die eine führt nach Norden über die Bergsenke Forcella di Sale auf den Gipfel, die andere in südlicher Richtung über das Croce di Pezzolo. Die erste Variante ist schwieriger, der Anstieg zur Forcella teilweise gesichert und ausgesetzt. Ungeübte Bergwanderer wählen die südliche Tour. Über beide Wege erreicht man nach ca. 1 h den Berggrat des Almana, dem man bis zum Gipfel folgt. Dieser Weg deckt sich hier mit dem Fernwanderweg 3V (Tre Valli) und ist teilweise etwas schmal, nach dem Winter auch oftmals zugewachsen. Die Ausblicke während des gesamten Aufstiegs sowie vom Gipfel sind grandios. Die Monte Isola und fast der ganze See breiten sich vor einem aus. Darüber hinaus bietet sich in Marasino der Einstieg in die alte Via Valeriana an, die hier oben vorbeiführt.

STRÄNDE UND SEEBÄDER

Das öffentliche, schön angelegte **Strandbad mit Kiosk** breitet sich ziemlich weit südlich der Ortsmitte direkt neben der Villa Martinengo Villagana aus. Gegenüber ist eine Pizzeria, die auf Badegäste gut eingestellt ist, der Campingplatz in der Nähe.

UNTERKÜNFTE | SALE MARASINO

Suchen Sie sich eine Unterkunft in den oberen Wohnvierteln, die Aussicht auf die Insel ist sehr schön.

Hotel Villa Kinzica Via Provinciale, 1. 25057 Sale Marasino. Die Lage des Hotels in einer Straßenschleife ist nicht ganz optimal, das Anwesen ist aber mit hohen Bäumen gut gegen den Straßenlärm geschützt. Guter Service. Preise ab EUR 90,00 (DZ). www.villakinzica.it. **Albergo Ristorante Orazio** Via Sant'Antonio, 31. 25057 Sale Marasino. 030 986174. Leicht oberhalb des Ortes mit schöner Aussicht von der Terrasse. Preise ab EUR 50,00, Halb- oder Vollpension optional. **Al Campicello** Via Campicello, 28. 25057 Sale Marasino. Nette, renovierte und günstige Apartments. Preise ab EUR 50,00 (2'er-Apartment). www.albergoristoranteorazio.it. **Albergo Rotelli** Via Giuseppe Verdi, 31. 25057 Sale Marasino. Mittelklasse-Unterkunft mit Pool, Sonnenterrasse und Tennis. Schöner Blick auf den See. Preise ab EUR 75,00 (DZ). www.hotelrotelli.it. **B&B Alla Fontana** Via Presso, 32, 25057 Sale Marasino. Günstige Unterkunft oberhalb des Ortes. Preise ab EUR 40,00 (DZ).

VERSORGUNG | SALE MARASINO

Wochenmarkt: jeden Mittwoch von 8.00 bis 13.00 Uhr rund um die Kirche.

ESSEN UND TRINKEN

Agriturismo Le Fontane Via Fontane, 29. 25057 Sale Marasino. Sehr gute Küche in schöner Umgebung. Etwas gehobene Preise. www.agriturismo-lefontane.it.

EINKAUFEN

Sigma Via Rossini, 44. 25057 Sale Marasino. Kleinerer Supermercato hinter der Kirche. CRAI. Via Zirotti, 45. 25057 Sale Marasino.

MEDIZINISCHE VERSORGUNG

Farmacia Bonassi Antonella Via Curetto, 23. 030 986119.

WAS MAN SONST NOCH WISSEN MUSS

Unten am Schiffsanleger, direkt links unterhalb der großen Kirche, kann man einen kleinen Snack einnehmen. Hier kommt man auch herunter, wenn man die ASV in Sale Marasino abbricht.

Marone | Der Olivenort

Tolles Café am Hafen

MARONE

Region **Lombardei** | Provinz **Brescia** | Einwohner **3 319**
Vorwahl **030** | GPS **45°44'0"N 10°6'0"E**

Zur Gemeinde Marone gehören: Ariolo, Collepiano, **Monte Marone**, Ponzano, Pregasso, Vello, **Vesto**

Von Süden kommend überrascht Marone mit einer attraktiven Lage unterhalb eines Bergmassivs, das den Süden des Sees in markanter Weise vom Norden trennt. Ab hier führen zahlreiche in den Stein gemeißelte Tunnelstraßen nach Pisogne im Norden des Iseosees. Der Ort liegt schön in einem sich zum See öffnenden Talkessel, hinter dem das Gebirge rasch zu Höhen von bis zu 2 000 m aufsteigt. Der Ortskern wirkt aufgeräumt und angenehm zurückhaltend, auf den ersten Blick ein schöner Urlaubsort. Auch der zweite Blick offenbart eine verwinkelte Gebäudestruktur am Ufer, enge Gassen wechseln sich mit schönen Promenadenabschnitten ab und die Pfarrkirche am See überwacht gleichsam die Szenerie.

Hektik ist hier ein Fremdwort, die (Straßen-)cafés der näheren Umgebung laden zum Verweilen ein. Besonders schön ist die Bar am kleinen Hafen kurz vor der ersten Brücke des Ortes (Stichstraße zum See am Parco pubblico mit ausreichend Parkplätzen). Jenseits der Bahnlinie ragt die Niederlassung eines bedeutenden Industrieriesens auf, nur ein kleiner Schandfleck für die schöne Gegend; links davon liegt der Bahnhof. Entlang der Straßen in die Berge finden sich viele Ferienwohnungen und Wochenenddomizile der Einheimischen aus Bergamo und Brescia – der Aussicht und der Wandermöglichkeiten wegen.

Schöne Fassaden entlang des Seitenschiffs der Pfarrkirche. Dahinter könnte härter der Kontrast nicht sein; **die schroffe Fassade** des größten Arbeitgebers von Marone.

Marone ist ein schöner Ort

Die Promenade lässt sich gemütlich entlangschlendern. **Vorne am 'Kap'** gibt es ein Ristorante, dahinter das Hafenbistro. Am anderen Ende wird gebadet.

Marone war, wie andere Orte der Region, früher im Bereich der Wollherstellung und -verarbeitung stark, und noch heute gibt es einige Betriebe, die sich auf Filz spezialisiert haben. Ursprünglich spielte auch die Herstellung von Holzkohle – gespeist aus den umliegenden Bergwäldern – eine wichtige Rolle, ebenso der Abbau eines bestimmten Lehms aus den nahe gelegenen Dolomitquellen des Monte Gugliemo, der bei der Entfettung der Wolle genutzt wurde. **Heute ist Marone der Ort der Olive** ('Città del Olive') - wenn man die Valeriana von Sale herüber nach Marone nimmt, fällt die riesige Zahl an Olivenbäumen auf. Hier wird noch Olivenöl hergestellt, das den Namen auch verdient.

FESTE UND VERANSTALTUNGEN

Jeden Donnerstag von 8.00 bis 13.00 Uhr findet im Bereich des Ortskerns der Wochenmarkt statt. Darüber hinaus wird in Marone viel gefeiert, neben den Heiligenfesten gibt es mehrere kleine Stadtfeste, die an Ereignisse in der Geschichte des Ortes erinnern. Während der Sommermonate werden am Ufer immer wieder **Handwerkermärkte** abgehalten, auf denen die Produkte der umliegenden Betriebe feilgeboten werden. Im Juli findet mit der 'La Sardinata' ein gastronomisches, ursprünglich der Fischerei gehuldigtes Fest statt, an dem es überall Spezialitäten zu kaufen gibt. Dazu sind die Straßen mit Musik- und Tanzveranstaltungen gefüllt. Der 9. August ist ein örtlicher Feiertag, da es früher Brauch war, an diesem Tag die Landwirtschaft ruhen zu lassen.

SEHENSWÜRDIGKEITEN

Aufgrund der ursprünglichen Besiedlung des Ortes oberhalb des Sees steht die alte Pfarrkirche im heutigen Ortsteil Vesto in schöner Aussichtslage. Die **Chiesa di San Pietro di Vinculis** wurde schon im 15. Jahrhundert mit Resten und auf den Grundmauern einer alten Burg (12. Jahrhundert) erbaut. Die Auffahrt dorthin - Unermüdliche gehen auch zu Fuß - lohnt sich wegen der tollen Aussicht auf den Iseosee, im Inneren gibt es einige Fresken, die der venezianischen Schule zugeordnet werden. Sehenswert ist auch die Wallfahrtskirche Madonna della Rota, die sich an der Fahrstraße durch das Angst einflößende **Vall dell'Opol** (Opol-Tal) befindet. Die heutige Pfarrkirche von Marone, die **Chiesa di San Martino di Tours**, macht am Ufer des Sees eine gute Figur. Der stattliche und elegante Bau fällt hauptsächlich wegen seiner zahlreichen Statuen an der Vorderseite auf. Das Innere wird von Gemälden aus der Schule des Romanino, eines bekannten Künstlers aus Brescia, bestimmt. Seine wichtigsten Werke hängen u.a. in London, Berlin, Bergamo und Brescia. Im Ortsteil Vela befinden sich die stolzen Überreste einer römischen Villa aus dem 1. Jahrhundert nach Christus. Direkt unterhalb der Eisenbahnstrecke sind auf ca. 80 Metern die Grundmauern der Villa gut zu erkennen, wichtige Funde wie das Fundament einer Herkulesstatue wurden ins archäologische Museum nach Brescia gebracht.

Kirche oberhalb von Marone

FREMDENVERKEHRSAMT

Pro Loco Centro Lago Sebino Via Roma, 83. 25054 Marone. 0340 7074093. **Rathaus** (Municipio di Marone) Comune di Marone Via Roma, 10. 25054 Marone. T +39 (0)30 987104. **www.comune.marone.bs.it**.

EMPFEHLENSWERTE AUSFLÜGE | MARONE

Überfahrt zur Monte Isola (s. S. 110), Einstieg in die Antica Strada Valerina (s. S. 98), Ausflugsfahrt nach Zone (s. S. 129), Steilwandweg von Vello nach Pisogne (s. S. 128).

STEILWANDWEG VELLO-PISOGNE (PASSEGIATA VELLO-TOLINE)

Der Uferstraße in Richtung Norden folgend erreicht man nach kurzer Zeit die Fraktion Vello, einen winzigen Ort, dessen Häuser eng an den schroffen Felsen des Steilhangs kleben. Die Pfarrkirche Santa Eufemia in der Ortsmitte und die Friedhofskirche am Ortsanfang sind einen Abstecher wert, die Uferlinie vorne am See ist gut gelungen. Hier lässt sich bei einem Cappuccino behaglich der Blick auf den See genießen. Zwei Restaurants werben mit schönen Terrassen und Gerichten aus Früchten des Sees um Gäste.

Am nördlichen Ende der Uferstraße (sie endet in einer Sackgasse) beginnt ein einzigartiger, nur für Fußgänger und Radfahrer zugänglicher Weg, der über mehrere Kilometer bis fast vor die Tore Pisognes reicht. Leider nur fast: Entsetzt steht man kurz vor dem Ziel an der stark befahrenen Uferstraße.

Gehört heute ganz den Fußgängern und Radlern: die alte Verbindung zwischen Marone und dem äußersten Norden des Iseosees.

PIRAMIDI DI ZONE

Mit dem Auto fährt man von Marone aus **in ca. 20 min nach Zone**. Am besten Sie parken hinter dem Teilort Cislano auf dem großen Parkplatz mit Kinderspielplatz und der Kirche San Giorgio. Viele Urlauber fahren hier hinaus, zumeist wegen einer erdgeschichtlichen Besonderheit: den '**Piramidi di Zone**'. Ein gut ausgeschilderter Rundweg führt die Besucher entlang der schönsten Aussichtspunkte zu den Felsformationen. Regenwasser hat über Jahrtausende diese ungewöhnliche Erosion geschaffen. Ganz in der Nähe wurden auf einer Felswand zudem **Fußabdrücke eines Dinosauriers** gefunden. Informationen im Tourismus-Büro (Pro Loco Zone) Via Monte Guglielmo, 34. 25050 Zone. www.comune.zone.bs.it.

Die Piramidi

Kalkabwaschungen hinterließen diese interessanten Formationen südlich des Ortes Zone.

SPORT UND FREIZEIT | MARONE

Marone steht ganz im Zeichen des Bergsports. Die Möglichkeiten sind großartig, neben leichten Bergwanderungen gibt es zahlreiche **Klettersteige und auch richtige Bergtouren.**

WANDERUNGEN

In gut 2,5 h kann der **Monte Guglielmo** von Croce di Marone ohne große Schwierigkeiten bestiegen werden. Vor dem Beginn der Tour steht aber die Auffahrt zum gleichnamigen Rifugio, und diese hat es in sich. Sowohl von Zone als auch von Marone geht es in zahlreichen Serpentinen (nicht durchgängig befestigt!) zur ganzjährig bewirtschafteten Schutzhütte. Vom Gipfel aus reicht der Blick vom Alpenhauptkamm bis in die Poebene.

AUFSTIEG NACH ZONE

Angenehmer, aber nicht minder steil, ist der Aufstieg entlang der **ASV** nach Zone. Im Ortsteil Colpiano am Ortsende von Marone (Via Zone, 14) steigt man in den Höhenweg ein, Parkplätze gibt es etwas unterhalb. Die Wegstrecke folgt im Wesentlichen dem Straßenverlauf, glücklicherweise in angemessenem Abstand. Unterwegs gibt es immer wieder Picknick-Bereiche. Nach gut einer Stunde erreicht man das Naturschutzgebiet '**Riserva Regionale delle Piramidi di Erosione**' und bestaunt die skurril wirkenden Fels- und Steinformationen. Weitere 30 Minuten bergauf, und man hat die 4,8 km Streckenlänge und 400 Höhenmetern - jetzt teilweise an der Straße - bis Zone geschafft. Von Zone (Ortsteil Cusato) führt ein gut markierter Wanderweg zum Hauptberg der Gegend, dem Corna Trentapassa (1 248 m).

AUSSICHTSPUNKT PUNTA CUNICOLO

Von Marone aus kann man direkt zur 1095 m hohen **Punta Cunicolo** aufsteigen. Von dort oben hat man einen sehr schönen Blick auf den Iseosee. Ausgangspunkt ist ein asphaltierter Weg am nördlichen Ortsende von Marone. Dazu von der Hauptstraße kurz vor dem Tunnel in Richtung Pisogne in die Via Risorgimento abbiegen. Nach ca. 300 m - schon nach dem Bahnübergang – weist ein an einer Garage befestigtes Hinweisschild den Weg (Sentiero 264). Nach gut zwei Stunden erreicht man die Punta, über alternative Wanderwege ist eine Fortsetzung zum Monte Vignole und zum Corna Trentapassa möglich.

STRÄNDE UND SEEBÄDER

Direkt an der Hauptstraße gleich hinter dem Campingplatz in nördlicher Richtung befindet sich das kostenlose Strandbad '**La Spaggietta**'. Liegewiese, Zugang zum See über Leitern und ein kleiner Kiosk laden zum Baden ein. Am nördlichen Ortsende vergnügen sich v.a. die Einheimischen an einer Kiesbank bei der Flussmündung im Wasser.

UNTERKÜNFTE | MARONE

In Marone gibt es kein Hotel. Die meisten B&Bs liegen im oberen Ortsteil mit z.T. wunderbaren Ausblicken.

B&B Poggio Ponzariolo Via Ponzano, 2/B. 25054 Marone. Gepflegte Pension mit tollem Blick auf den See. Preise ab EUR 50,00 (DZ). **Agriturismo El Giardi** Via Monte Marone, 9. 25054 Marone. 030 9827400. Sehr schönes Agriturismo oberhalb von Marone bei Colpiano. Einfache Zimmer. www.elgiardi.it. **B&B I Quattro Ulivi** Via Borgo Nuovo, 1. 25054 Marone. 030 987547. Zentrales Haus in Laufnähe zum See. Schöner Garten, nahe der Bahn. Preise ab EUR 60,00. www.iquattroulivi.it.

VERSORGUNG | MARONE

Wochenmarkt: jeden Donnerstag von 8.00 bis 13.00 Uhr **entlang der Uferpromenade** im Ortskern.

ESSEN UND TRINKEN

Zahlreiche '**normale**' Pizzerien befinden sich in Marone und der Umgebung. In Vello laden die folgenden beiden etwas ‚besseren' Lokale ein: **Trattoria Glisenti** Via Provinciale, 34. 25054 Marone- Loc. Vello. Roter Teppich und eine sehr schöne Terrasse (fast) direkt am See. www.ristorantelagoiseo.com. **Ai Frati** Via Provinciale, 32. 25040 Marone – Loc. Vello. 030 9827026. Mehr als eine Pizzeria. www.ristoranteaifrati.it.

EINKAUFEN

CRAI di Marone Via Gandale, 39. 25054 Marone.

MEDIZINISCHE VERSORGUNG

Farmacia Dentella Eugenio Via XXIV Maggio. 25054 Marone.

WAS MAN NOCH WISSEN MUSS

Fragen Sie in der Information nach etwaigen 'Oliven-Festen', die finden regelmäßig statt und lohnen einen Besuch.

■■ PISOGNE

Region **Lombardei** | Provinz **Brescia** | Einwohner **8 142**
Vorwahl **0364** | GPS **45°48'39"N 10°6'29"E**

Zur Gemeinde gehören: Fraine, Govine, Gratacasolo, Grignaghe, Pontasio, Siniga, Sonvico, **Toline**

Pisogne hat in Sachen Fremdenverkehr seine Hausaufgaben gemacht. Der Ort mit industriellen Wurzeln und starker Wirtschaftskraft zeigt sich im Ortskern überraschend offen, rund um die Piazza Umberto sind typische italienische Stadthäuser aus den letzten Jahrhunderten zu sehen. Alle sind in unterschiedlichen Farben getüncht und bieten einen schönen Anblick. Der größte Anziehungspunkt der Gemeinde - **der Torre del Vescovo** – ist nicht zu übersehen, er hat eine bewegte Geschichte und steht für alle offen, bis oben! Folgt man der Piazza in östlicher Richtung erscheint ganz hinten die Pfarrkirche Santa Maria Assunta, die günstiger nicht stehen könnte. Alles wirkt bis auf den Millimeter geplant. Hinter der Kirche beginnt der Stadtpark mit seinen schönen alten Bäumen, der großzügig angelegt und belassen wurde.

Pisogne macht richtig Spaß. Denkt man sich die Durchgangsstraße weg, passt hier alles. Vorne am Ufer gibt es einen der schönsten Sonnenuntergänge ...

Wer will, schlendert weiter zur **Chiesa Santa Maria dell Neve** und bestaunt ein wertvolles Werk des Künstlers Romanino. Der gesamte Bereich zwischen Kirche und See ist Fußgängerzone und die Urlauber verweilen gerne in einem der zahlreichen Gastrobetriebe oder Geschäfte dies- und jenseits der Straße. Überquert man diese in Richtung See, erreicht man die **Piazza Alpini**, hinter der sich die Schiffsanlegestelle und ein Yachthafen (ehemaliger Fischerhafen) verbergen. Vorne am See soll es einen der schönsten Sonnenuntergänge in dieser Region geben: der

BAROBAI

1. Preis an die Stadtarchitekten

See taucht dabei in die schönsten Rottöne. Ein ausgedehnter Spaziergang an der Uferpromenade in beide Richtungen bietet sich an.

Pisogne hat sicherlich römische Wurzeln, zahlreiche Grabfunde deuten daraufhin. Der Name stammt vom lateinischen Wort Piso ab, andere sehen die Herkunft aus dem Adelsnamen Pisone, Vertreter dieses Geschlechts lebten einst hier. Seither hat sich Pisogne als Knotenpunkt des Handels zwischen See und den anschließenden Bergtälern entwickelt, Zölle wurden erhoben, entsprechend sicher der Ort ausgebaut. Nur noch wenige Mauerreste zeugen von einer Stadtbefestigung aus dem Mittelalter. Ende des 19. Jahrhunderts wurde mit dem Bau der Verbindungsstraße nach Marone begonnen, nachdem bis dato alle Güter über die Berge und über den See transportiert werden mussten. Die enge ehemalige Küstenstraße ist heute ein beliebter Spazier- und Fahrradweg, für den Autoverkehr glücklicherweise gesperrt (unbedingt ablaufen!). Neben dem Handel war Pisogne stark in der Eisenverarbeitung und der Seidenspinnerei. Auch wenn viele Betriebe nach 1945 schließen mussten, ist Eisen heute noch einer der wichtigsten Wirtschaftsfaktoren der Umgebung. Landschaftlich liegt Pisogne sehr schön am Ende des Val Camonica, einem 70 km langen Tal, das am Talonepass endet. Die Camunen - so heißen die Einwohner des Tals - leben in zahlreichen schönen Bergdörfern und Talorten, ganz voran Darfo Boario Terme, mit knapp 16 000 Einwohnern ein beachtliches Zentrum. Das Tal ist für seine bedeutenden Urzeit-Felsmalereien bekannt, die absolutes Pflichtprogramm jedes Iseosee-Urlaubs sind. Einige Abschnitte wurden in das UNESCO-Weltkulturerbe aufgenommen.

FESTE UND VERANSTALTUNGEN

Ende September findet in Pisogne das **Festa del Fungo e della Castagna** statt. Das kulinarische Fest widmet sich ganz der Pilz- und Esskastanienkultur der näheren Bergwelt. Dazu werden von den Einwohnern kunstvolle Kompositionen erschaffen, die sich einer fachkundigen Jury stellen. Dem Gewinner winken vor allem Ruhm und Ansehen. Natürlich wird viel gegessen und getrunken, auch andere regionale Produkte wie Olivenöl sind im Angebot.

SEHENSWÜRDIGKEITEN

In Pisogne lohnen sich ein **Spaziergang entlang der schönen Uferpromenade** und der Abstecher ins 'centro storico' mit dem mittelalterlichen Turm, den schönen Kirchen und alten Stadthäusern.

DER TORRE DEL VESCOVO

Den Turm umgeben einige interessante Geschichten. Als sicher scheint, dass er um 1250 von der Kirche erbaut wurde. 1462 erhielt er den Namen '**Turm des Bischofs**' zu Ehren des damaligen Bischofs Bartholomäus Malipiero. Der 30 Meter hohe Turm hat eine Grundfläche von 7,2 x 7 Metern. Die Mauerdicke beträgt 1,65 m, was die Macht der Kirche demonstrieren sollte. Die Positionierung am großen Marktplatz war wohl ebenfalls eine Machtdemonstration, um Ansprüche auf die Handelserlöse des Mittelalters sprichwörtlich zu untermauern. Wer die Steuern nicht zahlen konnte oder wollte, wurde in einem Käfig gefangen, aus dem Turm heraus der Öffentlichkeit und damit dem Spott der Bewohner und Handeltreibenden ausgesetzt. Die Legenden berichten auch von **Hexenverbrennungen** im Jahre 1518. Acht Frauen waren im Turm festgehalten und anschließend auf dem Marktplatz von der Inquisition verbrannt worden. Heute ist der Turm eingeschränkt begehbar, die Öffnungszeiten enden allerdings um 17 Uhr.

FREMDENVERKEHRSAMT

Ufficio Turistico Pisogne Via Lungolago Tempini. 25055 Pisogne. +39 (0)364 880517. uff.turistico@comune.pisogne.bs.it. **Rathaus** (Municipio) Comune di Pisogne Via Vallecamonica, 2. 25055 Pisogne. T +39 (0)364 883011. **www.comune.pisogne.bs.it.**

PISOGNE

Pilzones Uferpromenade

Sehr großzügig und einladend. Allabendlich läuft man die '**Flaniermeile**' ab und genießt die letzten Stunden des Tages bei einem leckeren Essen.

EMPFEHLENSWERTE AUSFLÜGE | PISOGNE

Einstieg in die **Antica Strada Valerina** (s. S. 98), Ausflugsfahrt nach Zone (s. S. 129), Steilwandweg von Vello nach Pisogne (s. S. 128), Val Camonica (s. S. 37), Ortsbesichtigung Lovere (s. S. 175).

SPORT UND FREIZEIT | PISOGNE

Pisogne ist ein Zentrum des Wasser- und Bergsports. Viele nutzen den schönen Ort als Ausgangspunkt für Touren in die Bergwelt im Norden. Vom Teilort Toline führt ein kilometerlanger äußerst schöner Fuß-/Radweg entlang der alten Küstenstraße, die heute für den Autoverkehr gesperrt ist. Unterwegs trifft man auf Wind- und Kitesurfer, die die starken, ab Nachmittag auftretenden Fallwinde nutzen. Silvio bietet im Sporthafen einen tollen Service für Freizeitkapitäne. Alle Infos und Preise unter **www.portogaen.it**.

WANDERUNGEN

Direkt gegenüber der Kirche Madonna delle Neve ist ein riesiger Parkplatz. Viele Wanderer starten von hier in die Antica Strada Valerina (AVS), eine schöne Infotafel samt Richtungsweisern steht direkt auf dem Kirchplatz. Während der **AVS** zunächst im Tal weiterverläuft, führt der **Sentiero 202** erst entlang der Straße, später über Wanderwege zum Kirchlein San Martino mit einem schönen Ausblick auf den See und ins nahe Val Camonica. Der Weg führt noch weiter bis zum **Sentiero de Tre Valli** (3V). Die Strecke verläuft dabei relativ eben, ein schöner Höhenweg entlang des Hangs.

MONTE ÄGINA

Eine überschaubare Wandertour beginnt in der Via Sandro Pertini, 1, einem eher unschönen Teil Pisognes genau gegenüber einer Zementfabrik. Von der Hauptstraße beim ersten Kreisverkehr von Marone kommend in Richtung Valpalot abbiegen. Parkplätze gibt es links nach dem Brücklein über einen im Sommer ausgetrockneten Wasserkanal. Diesen Kanalweg läuft man zunächst einen Kilometer entlang. Die Straße wird später immer schmaler und sogar unbefestigt. Folgen Sie dem Weg, der als Sentiero 209 ausgeschildert ist. (Und denken Sie daran, dass nach dem Winter schmale Wege nur schwer erkennbar sein können.) **Im Bergdorf Terzana** nimmt der Weg eine deutliche Wendung und steigt im Anschluss stark an. Ziel ist der Gipfel des Monte Aguina (1 248 m) mit Almbetrieb.**Zahlreiche Sentieri** erschließen das riesige Gebiet östlich von Pisogne, das durch großflächige Hochebenen charakterisiert ist. Gut sind diese mit dem Fahrrad zu erkunden.

STRÄNDE UND SEEBÄDER

Im Norden des Ortes hinter dem Yachthafen liegt der großzügige Lido Goia Pisogne mit großem Parkplatz und Schwimmbecken (eintrittspflichtig). 300 m weiter westlich gibt es eine Liegeweise mit Seezugang.

UNTERKÜNFTE | PISOGNE

In Pisogne wählt man ein Hotel vorne am See, an der südlichen Promenade oder entlang der Verbindung vom See zur Kirche - 'vista lago'.

La Pieve di Pisogne Via Don G Recaldini, 1. 25055 Pisogne. Schöne erhöhte Lage mit Blick auf den nördlichen Iseosee. Wellness- und Themenangebote (z.B. für MTBiker). Preise ab EUR 120,00 (DZ). www.lapievedipisogne.it. **Hotel Capovilla** Via Papa Paolo VI, 7. 25055 Pisogne. Zentrales Haus mit ordentlichem Service. Zimmer zur Straße meiden. Preise ab EUR 87,00. www.hotelcapovilla.it. **B&B L'Ortensia** Via Fontana, 2. Frazione Pontasio. 25055 Pisogne. 0347 3732438. Hoch gelegene Unterkunft, teilweise mit Blick auf den See. Preise ab EUR 38,00 (DZ). www.bebortensia.com. **B&B Maestri** Via G. Facchinetti, 2. 25055 Toline di Pisogne. 0364 87880. Im Ortsteil Toline gelegenes Haus. Preise ab EUR 55,00 (DZ). www.bbimaestri.it. **Agriturismo Romangelo** Località Zanacco. 25055 Pisogne. 340 8871272. Tolles Haus in den Bergen mit Blick auf den See. Preise ab EUR 30,00 (p.P.). www.romangelo.it. **Campeggio Eden** Via Piangrande 3/A. 25055 Pisogne. 0364 880500. Schön gelegener, einfacher Platz direkt am See. www.campeggioeden.com.

VERSORGUNG | PISOGNE

ESSEN UND TRINKEN

In Pisogne gibt es rund um die Hauptplätze am See und beim Turm mehrere, eher touristisch ausgerichtete Lokale. Gerne und gut isst man im Restaurant des Hotels Capovilla, die Terrasse liegt allerdings relativ nah zur Straße. Kulinarische Highlights findet man am ehesten im '**Il Melograno**', dem Restaurant des Hotels La Pieve. Die Adressen finden Sie weiter oben.

EINKAUFEN

Crai Supermercato Via Trento, 8/a. 25055 Pisogne.

MEDIZINISCHE VERSORGUNG

Farmacia Bonetti Bulgari Graziosa Viale Rimembranze, 7. Farmacia Zanotti Sara. Via Provinciale, 19. Beide 25055 Pisogne. Die Guardia medica di Pisogne befindet sich in der Via G. Romanino, 1.

Einfach nur **schön!**

Accademia in Lovere

UNTERWEGS IN DER **PROVINZ BERGAMO**

DIE **WESTSEITE** DES ISEOSEES

Von Pisogne aus führt eine Umgehungsstraße (Tunnel) nach Lovere, die im Sommer und an den Wochenenden Fahrzeit spart und die Nerven schont. Wer ins Valcamonica oder nach Costa Volpino möchte, verlässt die Straße an der entsprechenden Ausfahrt. Kurz bevor es nach Bergamo und zum Lago d'Endine geht, verlässt man die Straße und erreicht nach kurzer Zeit **den Südteil von Lovere**.

In der Folge führt eine **gut ausgebaute Landstraße** nach Süden, die Besiedlung lässt gegenüber der anderen Seeseite deutlich nach – die landschaftlichen Gegebenheiten sind andere.

Ankunft auf der Isola!

Uferzone in Sarnico

Kerzengerade und fast endlos führt der Weg in den Norden bis zum Strandbad. In entgegengesetzter Richtung ist die Flussmündung des Oglio.

SARNICO

Region **Lombardei** | Provinz **Bergamo** | Einwohner **6 500**
Vorwahl **035** | GPS **45°40'N, 9°57'O**

Zur Gemeinde gehören: Castione, Fosio, Campomatto/Pirone

Sarnico ist ein angenehmer und freundlicher Urlaubsort ganz unten im Süden, dort, wo der Fluss Oglio den Iseosee wieder verlässt. Er gehört zu den reichsten Orten am See, allein der Bevölkerungszuwachs in den letzten Jahrzehnten spricht eine deutliche Sprache. Früher umsatzstarker Handelsort, setzt man heute unter anderem auf den Tourismus. **Der schönste Teil Sarnicos** verläuft halbkreisförmig um die Brücke nach Paratico. Die Altstadt ist verwinkelt, hübsch und es gibt einige interessante historische Gebäude. Am nördlichen Ende steht die sehenswerte Pfarrkirche San Martino di Tours aus dem 17. Jahrhundert, in unmittelbarer Nähe die Kirche San Rocco. Unten am See ist die Piazza, auf der donnerstags der große Wochenmarkt stattfindet. Ganz in der Nähe verbirgt sich auch das gut ausgestattete Tourismus-Büro.

Im Bereich des Ortskerns unten am See finden sich **zahlreiche Cafés und Ristorante** für eine gemütliche Einkehr. Schön ist es bei der Flussmündung mit den ulkigen Eisdielen.

Wer lieber am See bleibt, kann die gelungene Promenade ein gutes Stück Richtung Süden ablaufen. **Erst am Lido di Sarnico**, der durch ein kurzes Stück an der Straße zu erreichen ist, endet der ca. 1,5 km lange Uferweg; **Privatgrundstücke mit sehenswerten Villen** versperren von hier ab leider den Weg. Davor ist allerdings der üppige Yachthafen zu bewundern, wo vor allem im Sommer die eine oder andere Superyacht ankert. Am Ende der Marina wartet glücklicherweise ein sympathisches Café auf die Spaziergänger.

Pfarrkirche **San Martino di Tours**

Ab jetzt wird es abenteuerlich: da eine große Fabrik das Weiterflanieren verhindert, wurde kurzerhand ein schmaler Hilfssteg gebaut, der die Fußgänger trockenen Fußes an der Firma vorbei steuert.

Auch auf der anderen Seite der Brücke (nach Paratico) führt ein Fußweg entlang des Flusses bis zur Wehranlage, die den Fluss bändigt, was man sich bei der geringen Fließgeschwindigkeit im Sommer kaum vorstellen kann. Der Bereich nahe der Flussmündung ist übrigens ein beliebter Treffpunkt der Einwohner von Sarnico und auch der Urlauber. **Zwei urige Eisdielen** haben bei schönem Wetter Hochkonjunktur, rund um die Häuschen, die wie auf Balkonen direkt ins Wasser gebaut sind, herrscht großer Andrang, auf schmalen Bänken kann man dem sommerlichen Treiben entspannt zuschauen.

Wassersportfreunde kennen Sarnico im Zusammenhang einer legendären und für viele unerreichten Motorbootmarke: Riva.

FESTE UND VERANSTALTUNGEN

Sarnico feiert einmal im Jahr das große '**Sarnico Busker Festival**'. Unzählige Künstler wie Akrobaten, Straßenmusiker oder Kabarettisten zeigen ihr Können auf den Straßen rund um die Altstadt. Als Künstler kann man sich offiziell bewerben, mitmachen darf jeder. Das Festival findet meist Ende Juli und Anfang August statt.

SEHENSWERTES

Kulturell hat Sarnico immerhin eine **Pinakothek** mit ca. 150 Gemälden aus dem 15. bis 17. Jahrhundert zu bieten. Die Pinacoteca 'Gianni Bellini', die auch antike Möbel und andere Kunstwerke zeigt, hat ihren Sitz im Palazzo Gervasoni im Centro storico. Weiter sind **zwei alte Türme und mehrere schöne Villen** zu sehen. Die schönsten liegen allerdings außerhalb des Ortskerns in Richtung Predore, sie gehören zu den bedeutendsten Jugendstil-Häusern der Lombardei (Villa Surre und Villa Faccanoni).

Die Riva-Werft

Weltruhm erhielt Sarnico durch Carlo Riva, der um 1842 vom Comer See hierher kam, um den Bootsbau zu revolutionieren. Er verwendete Holz, wie alle zur damaligen Zeit, doch was er und später sein Sohn daraus machten, war grandios.

Dieser Mann hat mit seinen Fähigkeiten und Fertigkeiten einen Mythos geschaffen, der bis heute als einzigartig gilt: die Motorbootmarke Riva. Wer eins dieser Motorboot ruhig und schnell an einem der oberitalienischen Seen an sich vorbeiziehen sieht, staunt unweigerlich: ob der Eleganz, Kraft und ob des Stolzes, die dieses Motorboot für jeden Menschen ausstrahlt, egal, ob er mit dieser Art des Wassersports etwas anfangen kann oder nicht. Geboren wurde der Mythos in den 50'er Jahren des 20. Jahrhunderts. Mehr durch Zufall war der Urgroßvater des Firmengründers, **Carlo Pietro Riva**, ca. 100 Jahre zuvor am Comer See von einem Iseosee-Fischer 'entdeckt' worden. Pietro verarbeitete den Werkstoff in einer Art, die der Fischer bis dato nicht gekannt hatte. 'Komm mit mir an den Lago d'Iseo und eine goldene Zukunft steht dir offen'. So in etwa sollen die Worte des Fischers gelautet haben. Pietro ging ohne Zögern mit und reparierte in Folge hauptsächlich bei Unwettern oder Unfällen beschädigte Fischerboote. Bald schon hatte sich Pietro Riva am ganzen See einen guten Namen erarbeitet und seine kleine Schiffstischlerei in Sarnico lief immer besser.

Hier passt jedes Detail. Riva ist eine perfekte Schöpfung!

Schönheit vergeht niemals! Riva.

Auch seine Söhne Ernesto und Serafino arbeiteten im elterlichen Betrieb und eigneten sich viele dieser besonderen handwerklichen Techniken an. Insbesondere Serafino sammelte wichtige Erfahrungen im Bereich des Biegens von Holz für die Rumpfbeplankung. Nach dem Tod des Bruders 1907 übernahm er federführend die Werft und krempelte den Betrieb massiv um. Das bisherige Kerngeschäft, den Bau von Transportbooten, gab er auf und konzentrierte sich zunehmend auf die Konstruktion kleinerer, aber schnellerer Freizeitboote. Anfang des 20. Jahrhunderts verbesserte sich die Motorentechnik zunehmend, und Autorennen wurden zu einer boomenden Sportart, die auch die Massen begeistern konnte. Analog dazu entwickelte sich der **Bootsrennsport** europaweit und in den USA, und gerade an den italienischen Seen gab es regelrecht einen Hype. Einen weiteren Schub bekam der Sport nach Ende des 1. Weltkriegs, als nicht mehr benötigte Flugzeugmotoren aufgrund ihrer Bauart und Stärke Einzug in den Wasserrennsport fanden. Serafino Riva vermochte dabei einen Bootstyp zu konstruieren, der so ruhig und sicher im Wasser lag, wie kein Boot zuvor. Starke Motoren und der mit Mahagoni beplankte Rumpf sowie die aufwändige Lackierung und Verzierung waren die Erfolgsfaktoren der Motorbootwerft Riva, die immer weitere Kreise zog. **Die Rennerfolge Serafinos machten die Marke bekannt** und die Auftragsbücher voll. 42 Jahre später übergab Serafino Riva die Werft an seinen Sohn Carlo. Die Aufbaujahre nach dem 2. Weltkrieg und der wachsende Wohlstand sorgten in der Folge für die erfolgreichste Zeit für Riva. Die zahlreichen Aufträge sorgten bald für die notwendige Umgestaltung der Produktionsart von der Einzel- zur Serienfertigung, Carlo kreierte PS-starke Kunstwerke, die zu Verkaufsschlagern wurden.

Die Riva-Werft **vom Wasser aus.**

Die High Society kaufte den Laden regelrecht leer, jeder, der konnte, musste eine oder mehrere Riva besitzen: Brigitte Bardot, Sophia Loren, Gunter Sachs, etc. Zu den besten Zeiten verließen bis zu 18 Boote pro Tag das Werk in Sarnico. Wichtigste Neuerung im Produktionsprozess war dabei die Umstellung der mühevollen Einzelbeplankung des Rumpfes auf die Beplankung mit maschinell vorgefertigten (in Form gebogenen) Rumpfhälften. Zeitgleich entstanden an vielen Orten der Welt ähnliche Bootstypen, die weitläufig als 'Runabout' (Rennsemmel) bezeichnet wurden. Die bekanntesten Marken waren die 'Chris Craft' aus Amerika und die 'Boesch' aus der Schweiz, die wie die alten Riva-Boote heute Höchstpreise erzielen.

Weitere Informationen zur Geschichte der Marke gibt es unter **www.riva-yacht.com**. Im Netz tummeln sich auch die nationalen offiziellen Fan-Clubs mit den wichtigsten Daten zu Veranstaltungen in ganz Europa. Wer einmal ein Riva-Treffen erleben möchte, sollte gelegentlich die Eventkalender durchsehen. Das letzte große Treffen am Lago d'Iseo fand zu Ehren des 90. Geburtstags von Carlo Riva 2012 statt. Infos zum 170. Jubiläum der Firma Riva gibt es unter www.riva170.com.

Unter dem Namen '**RAM – Riva Excellence**' kümmert sich der Enkel des großen Carlo heute um die Wartung und Restauration von klassischen und nichtklassischen Riva-Booten. R.A.M. Spa Via Predore, 28. 24067 Sarnico. T +39 035 910326. www.riva-ram.it.

FREMDENVERKEHRSAMT

Pro-Loco Sarnico Via Lantieri, 6. 24067 Sarnico (Bg). T +39 (0)35 910900. info@prolocosarnico.it. Öffnungszeiten: Di bis Sa 9-12.30 und 15-18.30 Uhr; Mo 15-18.30 und So 9.30-12-30 Uhr (nur im Sommer!). www.prolocosarnico.it. **Rathaus** (Municipio) Via Roma, 54. 24067 Sarnico (BG). T +39 (0)35 924111. **www.comune.sarnico.bg.it**.

SARNICO

EMPFEHLENSWERTE AUSFLÜGE | SARNICO

Spaziergang entlang des Oglio (s. S. 73), unterwegs im Parco dell Oglio Nord (s. S. 73/76), Franciacorta (s. S. 46), Die legendäre Riva-Werft (s. S. 50/148), Ortsbesichtigung in Predore (s. S. 157).

SPORT UND FREIZEIT | SARNICO

WANDERUNGEN

Der bessere Ausgangspunkt für Bergwanderungen ist Predore. Trotzdem finden sich einige interessante Touren, die man direkt in Sarnico beginnen kann.

SENTIERO FORCELLA - MOLERE

Die beliebteste und nicht zu lange Tour beginnt in der Via Calchera, 23D, einer relativ neuen Straße in einem Wohngebiet am Hang ungefähr auf Höhe des Lido di Sarnico. Der Weg ist ausgeschildert, eine kleine Landkarte beschreibt die Strecke. Zunächst geht es nach Forcella, später an mehreren schönen Ausblicken vorbei zum **Colle Molere**. Wer sucht, findet auch die Überreste der Rocca de Zuchellis, die einst das Geschehen am See überwacht hat. Unterwegs kann man eine Abkürzung zur Chiesa dell'Alpini gehen.

Von Forcella aus führen weitere Wanderwege z.B. zur **Schutzhütte Baita Pompiano** oder dem **Croce Gosnell** mit kleiner Kapelle. Wer hier absteigt, kommt am Lido Nettuno kurz vor der Ortsgrenze zu Predore wieder raus.

STRÄNDE UND SEEBÄDER

Die Wasserqualität im Uferbereich zwischen Predore und Sarnico ist nicht zum Besten bestellt. Die Algenbelastung im Sommer ist hoch, das Baden eine Überwindung. Die Verantwortlichen haben mit dem **Lido Nettuno** einen Ausweg aus der Misere gestartet, über den sich diskutieren lässt. Mit einem ca. 100 m langen Steg wurde die Einstiegsstelle ins Wasser einfach weit in den See verlegt. Das Wasser wirkt dort sauber, strahlt in grünlichem Blau, Algen finden sich deutlich weniger. Ansonsten bietet das Bad mehr als man erwarten kann. Sport- und Freizeitanlagen zeigen sich gepflegt, überall tönt Musik aus Outdoorlautsprechern (nicht jedermanns Sache!) und für die Verpflegung ist gesorgt. Direkt an der Provinzstraße (Nr. 469), Eintritt frei. Geöffnet von Mai bis September, von 9 bis 20 Uhr, Mo ab 14 Uhr, an den Wochenenden Partybetrieb bis 23 Uhr.

Lido Nettuno (Sarnico)

Ein beeindruckendes Bauwerk hat die Gemeinde da in den See gestellt. Da der Uferbereich nicht so schön ist, baut man einen Steg; gute Lösung!

UNTERKÜNFTE | SARNICO

Das Angebot an Wohnungen ist mittelmäßig, für einen längeren Aufenthalt eher zu betriebsam.

B&B Bed and Breakfast Centrostorico Via Lantieri 26. 24067 Sarnico. T +39 (0)333 3944995. Preise ab EUR 60 (DZ). Mitten in der Altstadt. Sehr schön. www.centrostoricosarnico.it. **La Contrada** Via Lantieri 22. 24067 Sarnico. T +39 (0)35 914529. Preise ab EUR 60 (DZ). Hier passt sehr viel. Günstig und gut. www.bblacontrada.com. **Hotel Sebino** Piazza Oliva Besenzoni, 1. 24067 Sarnico. T +39 (0)35 910043. Preise an EUR 120 (DZ). Angenehmes Haus an der Durchgangsstraße. Zimmer zum Markplatz könnte von Vorteil sein. www.hotelsebino.it.

VERSORGUNG | SARNICO

In Sarnico muss man nicht Hunger leiden! Restaurants, Cafés, Geschäfte aller Art, die Supermärkte gleich drüben in Paratico und der sehr große Wochenmarkt lassen keinen Wunsch offen.

ESSEN UND TRINKEN

La Forcella - Ristorante/Bed & Breakfast Via Forcella, 2. 24067 Sarnico (BG). T +39 (0)35 936124. Allein wegen der Aussicht auf den See muss man hier essen. www.forcella.it. **Cascina Oglio** Località Fosio. T (0)35 914125. Tolles Essen in ungewöhnlicher Umgebung mitten auf der Wehrinsel auf dem Fluss Oglio! Auch gute Übernachtungsmöglichkeit. www.cascinaoglio.com. **Soul fruit** Piazza XX Settembre, 24. 24067 Sarnico. T +39 (0)345 9312673. Veganes Restaurant mitten in Italien!

EINKAUFEN

Simply Via I. Suardo (SP 91). Sarnico. Großer Supermarkt an der Superstrada 91. Nächster Conad in Villongo in der Via S. Anna 1/G.

MEDIZINISCHE VERSORGUNG

Farmacia Passeri Sas Piazza SS. Redentore, 33. T +39 (0)35 910152.

Die Ortschaft **Predore**

PREDORE

Region **Lombardei** | Provinz **Bergamo** | Einwohner **1 800**
Vorwahl **035** | GPS **45°41'N, 10°1'O**

Zur Gemeinde gehören: Castione, Fosio, Campomatto/Pirone

Der für die Geschichte Predores so wichtige 'halbe Turm' ist ein Relikt aus der Zeit, als die Familie Foresti die Geschicke des Ortes maßgeblich gelenkt hat. Die Überreste des Torre Foresti (gebaut im 8. und 9. Jahrhundert) stehen auf einem leider nicht zugänglichen Gelände mit traumhafter Villa direkt neben der Anlegestelle. Der Turm selbst, mit das letzte Überbleibsel einer alten Befestigungsanlage, wurde vor langer Zeit von einem Erdrutsch beschädigt. Der Hafenbereich mit den Liegeplätzen ist lieblos gestaltet, Parkplätze und eine Werft dominieren die Anlage; ein längerer Aufenthalt lohnt kaum und wird wohl auch nicht erwünscht (!).

Auf Höhe des Rathauses (Municipio) bietet sich ein Abstecher in den kleinen Ortskern mit Besichtigung der schönen Pfarrkirche (**Parrocchiale del Sacro Cuore e di San Giovanni**) und dem Uferbereich an.

Hier bei den Kiefern findet sich in Nachbarschaft mit der Pfarrkirche **ein Lokal** direkt am See mit einer traumhaften Terrasse.

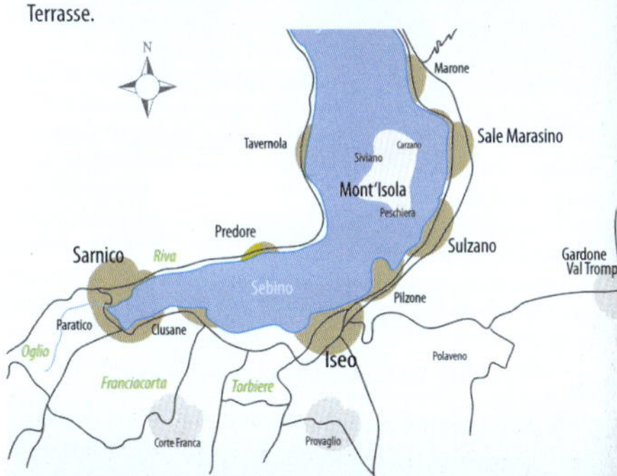

Zu Fuß geht es zur **San Gregorio** (Predore)?

FREMDENVERKEHRSAMT

Rathaus (Municipio) Piazza Vittorio Veneto, 1. 24060 Predore (BG). T +39 (0)35 938032. **www.comune.predore.bg.it**.

EMPFEHLENSWERTE AUSFLÜGE | PREDORE

Spaziergang entlang des Oglio (s. S. 73), unterwegs im Parco dell Oglio Nord (s. S. 73/76), Franciacorta (s. S. 46), Die legendäre Riva-Werft (s. S. 50/148), Ortsbesichtigung in Predore (s. S. 157).

SPORT UND FREIZEIT | PREDORE

WANDERUNGEN

Da die Berge hinter Predore stark ansteigen, ist das erste Wegstück sehr kräftezehrend. Östlich des Ortes ragt mit dem '**Corno di Predore**' eine regelrechte Steilwand in den Himmel. Im Wesentlichen gibt es hier drei Touren, eine zum Colle di Oregia (891 m; Sentiero 708; 2h), eine zweite, die bis zum Monte

Beeindruckendes Anwesen bei Predore

Bronzone (1 334 m), dem höchsten Berg der Gegend, erweitert werden kann. Etwas kürzer ist die dritte Tour nach Westen zum Colle Cambline (785 m) auf dem Sentiero 709. Die dritte Tour führt ostwärts in ca. 1,5 h auf die Punta Alta (953 m). Ausgangspunkt für alle drei Touren ist das Ende der Via Carobbio am höchsten Punkt des Ortes (nur wenige Parkplätze). Folgen Sie der Via Foresti, die gegenüber dem Hotel dell'Angelo beginnt.

UNTERKÜNFTE | PREDORE

Hotel dell'Angelo Via Roma, 8. 24060 Predore. T +39 (0)35 938040. Preise ab EUR 60 (DZ). Ordentliches Hotel mit guter Küche, etwas zurückgesetzt von der Straße; im Zentrum. www.hoteldellangelo.com. **Beach Hotel Eurovil** Via Sarnico, 94. 24060 Predore. T +39 035 938648. Preise ab EUR 95 (DZ). Schöne Anlage am See mit Pool und Wellness. Nicht alles ist auf dem neuesten Stand. www.hoteleurovil.it.

VERSORGUNG | PREDORE

Tägliche Besorgungen kann man im kleinen Geschäftszentrum an der Hauptstraße erledigen.

ESSEN UND TRINKEN

Trattoria il Cantiere Via Sarnico, 11. 24060 Predore. T +39 (0)35 938821. Super gelegenes Restaurant in der Nähe des Hafens. **Il Gabbiano** Via Ario Muciano, 2. 24060 Predore. T +39 (0)35 938481. Bestlage direkt am See. Essen in Ordnung.

MEDIZINISCHE VERSORGUNG

Farmacia San Giuseppe Piazza Vecchia Filanda, 1. 24060 Predore. T +39 (0)35 938110.

WAS MAN NOCH WISSEN MUSS

Predore ist kein Ort für einen langen Urlaubsaufenthalt. Er bietet zu wenig und die Anfahrten zu den wichtigsten Zielen am Ort sind zu lang.

Turm in Predore

Leider steht der Turm auf Privatgelände, der Zugang ist **nur an bestimmten Tagen** im Jahr möglich (und sicherlich nicht dann, wenn man gerade vorbeikommt!

Das schöne **Tavernola-Bergamasca**

TAVERNOLA BERGAMASCA

Region **Lombardei** | Provinz **Bergamo** | Einwohner **2 100**
Vorwahl **035** | GPS **45°43'N, 10°3'O**

Tavernola Bergamasca ist ein kleiner Ort am Flüsschen Rino auf Höhe der Monte Isola. Natürlich geht es per Schiff im Stunden-Takt hinüber zur Insel, doch auch Tavernola selbst muss sich nicht verstecken. Schön liegt der Ort in einer Talsenke zwischen hohen Bergflanken und überrascht mit einer 2 km langen Promenade am Wasser in Richtung Süden. Direkt am See in bester Lage findet sich ein Restaurant an einem Grünstreifen mit Brunnen; gemütlich isst man ein Eis auf den zahlreichen Bänken. Sehenswert sind der mittelalterliche Turm, die sehenswerte Kirche Santa Maria Maddalena in der Ortsmitte und die Chiesa di San Pietro (13. Jahrhundert; zu erkennen an dem roten Kreuz an der Fassade) im oberen Ortsteil. Beide Kirchen verfügen über einen schön ausgestalteten Altarbereich, von der Kirche San Pietro hat man zudem einen schönen Blick auf Tavernola und den Iseosee. Nicht so schön, aber wirtschaftlich notwendig ist die Zementfabrik im Norden des Ortes.

Der Wochenmarkt verläuft entlang der Uferstraße zu Füßen der alten Dorfkirche (nur wenige Parkplätze !).

Im Juli feiert der Ort das Fest der Sardine (La Sagra della Sardina) - interessanterweise lebt im Iseosee eine Sardinenart, die die Umstellung auf Süßwasser über die Jahrtausende überstanden hat. Mehrmals im Jahr werden die typischen Fischerbootrennen veranstaltet.

Der Ort ist eingebettet in eine wunderbare Bergregion. Für Wanderer ideal, erreicht man auch die übrigen Ausflusziele relativ schnell. Im Frühjahr verschwindet die Sonne schnell hinter den Bergen im Rücken des Ortes.

FREMDENVERKEHRSAMT

Kleines Infobüro vorne an der Promenade. **Turismo Ufficio Turistico Alto Sebino Pizza** 13 Martiri, 34. 24065 Lovere (BG). T +39 (0)35 962178. turismo.lovere@apt.bergamo.it. **Rathaus** (Municipio) Comune di Tavernola Bergamasca Via Roma, 44. 24060 Tavernola Bergamasca (BG). T +39 (0)35 93 1004. **www.comune.tavernola-bergamasca.bg.it**.

Gasse in Tavernola

Der sympathische Ort wird in der Regel nur kurz besucht, dabei kann man hier ganz nett ein paar Tage verbringen. Die Anbindung zum Rest des Sees ist gut.

Die Anlegestelle findet sich mitten im Ort.

EMPFEHLENSWERTE AUSFLÜGE | TAVERNOLA BERGAMASCA

Die legendäre Riva-Werft (s. S. 50/148), Ortsbesichtigung in Predore (s. S. 157), Steilfelsen vor Castro (s. S. 54/182), Überfahrt zur Monte Isola (s. S. 110).

SPORT UND FREIZEIT | TAVERNOLA BERGAMASCA

WANDERUNGEN

Neben steilen Spaziergängen zu den oberen Ortsteilen bietet sich eine ca. einstündige Wanderung auf den alten Kopfsteinpflasterwegen hinauf zum Bergdorf Vigolo (Sentiero 705). Folgen Sie der Via Valle bergan zur Via Rino, die für den Verkehr gesperrt ist.

STRAND UND SEEBÄDER

Gebadet wird an der Mündung des Rino und an einigen Stellen der nördlichen Promenade (wenn der Wasserstand geringer ist).

VERSORGUNG | TAVERNOLA BERGAMASCA

ESSEN UND TRINKEN

Ristorante la Trattoria Via Pero,8. 24060 Tavernola Bergamasca. T +39 (0)35 932041. Gutes Lokal in der Nähe des Turms in der Fußgängerzone. **Ristorante Pizzeria La Sirena** Via Roma 51. 24060 Tavernola Bergamasca. T +39 (0)35 932920. Bei schönem Wetter kann man nicht besser sitzen.

MEDIZINISCHE VERSORGUNG

Farmacia Lago D'Iseo Guatteri Glauco Via Pero, 1. 24060 Tavernola Bergamasca. T +39 (0)35 931026.

WAS MAN NOCH WISSEN MUSS

Obwohl der Ort Urlaubsqualität hat, gibt es kaum Unterkünfte, die von Deutschland aus buchbar sind.

■■ RIVA DI SOLTO

Region **Lombardei** | Provinz **Bergamo** | Einwohner **2 100**
Vorwahl **035** | GPS **45°43'N, 10°3'O**

Riva di Solto ist der perfekte Urlaubsort, nur deutlich zu klein. Die meisten Urlauber fahren vorbei, da die Uferstraße nicht gleichzeitig die Durchfahrtsstraße ist! Wer dennoch hinunterfährt, wird mit einem gelungenen Ensemble belohnt. Hier passt einfach alles, es gibt einen schönen Platz am See, ein nettes Café mit Außenbestuhlung, zwei historische Palazzi und einen mittelalterlichen Turm. Man fühlt sich sofort wohl und möchte bleiben. Der regelmäßige Schiffsverkehr, die Nähe zu Lovere und die vielen Ferienhäuser in Solto Collina samt Verbindungsstraße nach Bergamo machen den Aufenthalt attraktiv. Die Dichte an Ferienunterkünften ist überraschend hoch und wohl auch kein Zufall. Zu besichtigen sind im nördlichen Ortsteil **ein mittelalterlicher Turm** (nicht begehbar) und die **Pfarrkirche** (Parrocchiale) S. Nicolas, im Ortskern der Palazzo Polini und im südlichen Riva der Palazzo Martinoni und die Chiesetta di S. Rocco. Einen kleinen Campingplatz gibt es auch, und somit ist das hervorragende Bild dieses Ortes vollständig. Ein paar Tage Urlaub in Riva di Solto sind auch wegen der Nähe zum Val Camonica, dem Lago d'Endine und dem Valle Freddo absolut empfehlenswert. Direkt hinter Riva folgt das Naturschauspiel Borgo (Orrido) di Zorzino, ein beeindruckendes Steilmassiv mit schöner Badebucht. Zahlreiche Motorboote gehen hier aufgrund der windgeschützten Lage und des klaren Wassers vor Anker. Am Ufer lädt eine kleine Badestelle zum Verweilen ein.

Die liebliche Uferlinie gefällt jedem auf Anhieb. Zudem verläuft die Durchgangsstraße oberhalb des alten Ortskerns. Es herrscht **eine angenehme Ruhe**.

Klein, aber fein!

Ein oder zwei Nächte kann man hier in Riva di Solto gerne verbringen. **Im oberen Teil des Ortes**, auf einer Art Sonnenterrasse, sind unzählige Unterkünfte zu finden.

Der Torre am nördlichen Ortsende

FREMDENVERKEHRSAMT

Kleines Infobüro im Rathaus (Municipio) Via Papa Giovanni XXIII, 22. 24060 Riva di Solto (BG). T +39 (0)35 985100. www.rivadisolto.org.

EMPFEHLENSWERTE AUSFLÜGE | RIVA DI SOLTO

Ortsbesichtigung Lovere (s. S. 175), Steilfelsen vor Castro (s. S. 54/182), Überfahrt zur Monte Isola (s. S. 110), Lago d'Endine und Valle Freddo (s. S. 184), Ausflug ins Val Camonica (s. S. 37).

SPORT UND FREIZEIT | RIVA DI SOLTO

WANDERUNGEN

Über den Sentiero 568 geht es über ein paar Umwege auf den Colle di Luen (882 m). Die Strecke lässt sich gut als Rundwanderweg direkt von Riva di Solto aus starten. Beim kleinen Flüsschen (Brücke, Zebrastreifen und Holzschilder) zweigt der Wanderweg entlang des Bergbachs nach oben in Richtung Fonteno ab, unmittelbar daneben sind Parkplätze. **Beim Weiler Zango** entscheidet man sich zwischen Fonteno und Monte.

UNTERKÜNFTE | RIVA DI SOLTO

Im unteren am See liegenden Dorf gibt es nur wenige Möglichkeiten. Im oberen Dorf sieht es wesentlich besser aus, eine Vielzahl an Wohnungen werden privat vermietet. Die Aussicht ist genial, die Anfahrt etwa müßig.

Camping Trenta Passi Via XXV Aprile, 1. 24060 Riva di Solto. T +39 (0)359 80320. Netter kleiner Platz mit allem, was man braucht. Zwischen See und Straße. Preise ab EUR 7 (Stellplatz) Erwachsene ab EUR 6,50. Geöffnet von Mitte Februar bis Dezember! www.trentapassi.it. **B&B Ai Ronchi** Via Ronchi, 8. 24060 Riva di Solto. T +39 (0)35 985102. Preise ab EUR 70 (DZ). Super Lage, moderne Zimmer, Pool mit Aussicht. www.aironchi.it. **B&B Il Palazzo** Via Dei Fantoni, 16. 24060 Solto Collina. T +39 (0)338 8275177. Super Lage mit Weitsicht, stilvolles Anwesen mit Themenzimmern … einfach genial! www.palazzoincollina.it. **Esprit D'Hotel Panoramico** Via Palazzine, 30. 24060 Fonteno. T +39 (0)35 969027. Preise ab EUR 160 (DZ). Im Ortsteil Fonteno mit Superblick und gutem Service. www.panoramicohotel.com.

VERSORGUNG | RIVA DI SOLTO

ESSEN UND TRINKEN

Ristorante Zu Via XXV Aprile, 53. 24060 Riva di Solto. T +39 (0)35 986004. Im Ortsteil Zu ca. 0,5 km südlich vom Ortskern auf einer kleinen Landzunge. Bestlage zum See. Das Essen und der Service italienisch gehoben. www.ristorantezu.it. **Trenta Passi** Via XXV Aprile, 1. 24060 Riva di Solto. T +39 (0)359 80320. Das Restaurant gehört zum Campingplatz, die Speisen sind in Ordnung. www.trentapassi.it

MEDIZINISCHE VERSORGUNG

Farmacia Paris Daniela Via Porto, 16. T +39 (0)35 985066.

Die Ortschaft **Lovere**

■■■ LOVERE

Region **Lombardei** | Provinz **Bergamo** | Einwohner **5 450**
Vorwahl **035** | GPS **45°49'N, 10°4'O**

Lovere ist neben Iseo und Sarnico die 'Metropole' am nördlichen Iseosee. Von Süden her kommend, erreicht man den Ort zunächst über die Ortschaft Castro (s. S. 182). Der erste Eindruck ist eher schockierend, denn eine riesige Industrieanlage begrüßt einen mit dem für eine italienische Fabrik typischen Äußeren. Schnell lässt man die riesige und hässliche Anlage (Produktion von Rädern für Schnellbahnen) hinter sich und fährt entlang der Uferlinie in Richtung Ortskern. Bald taucht auf der rechten Seite der Segelclub samt beeindruckendem Yachthafen auf, wo man gut parken kann. Rund um den Club wurde vor Jahren ein ungenutztes Areal zu einem **Begegnungszentrum** mit Geschäften, Cafés und einem kleinen Amphitheater (ähnlich einer Kurmuschel) geschaffen, das im Sommer von den Einwohnern gerne genutzt wird. Zahlreiche Veranstaltungen laufen hier ab, darunter Flohmärkte, Freiluftkonzerte oder Stadtfeste.

Diesen und noch viel mehr Blicke hat man vom Stadtturm aus, **der sich mitten im Ort befindet** und gegen eine kleine Gebühr begehbar ist.

Die Wassersportschule hilft mit Kursen in vielen Disziplinen. Hinter dem Yachthafen taucht zwischen See- und Uferstraße ein Hallen- und Freizeitbad auf, wie es - außer am Gardasee - eigentlich kaum an italienischen Seen anzutreffen ist. Im Sommer und bei schlechtem Wetter ist dies gleichermaßen eine willkommene Abwechslung, die große Liegewiese und die Rutschen sorgen bei Alt und Jung für Begeisterung.

Ein weiterer Turm in Lovere

Bemerkenswert sind **der alte Stadtturm**, die bedeutende **Basilika di Santa Maria und die Akademie Tadini**, die nicht nur ein beachtliches Museum beinhaltet, sondern **Mittelpunkt der kulturellen Szene** am oberen Sebino überhaupt ist.

Lovere ist sicherlich der attraktivste Urlaubsort am nördlichen See, viele Freizeitmöglichkeiten in den Bergen sorgen für Kurzweil und Abwechslung. Zudem gibt es zahlreiche Unterkünfte in jeder Preisklasse bis hinab zum Bettenhaus am Hafen, das nicht nur von jungen Leuten besucht wird.

SEHENSWÜRDIGKEITEN

Für eine Erkundungstour erhält man im Tourismus-Büro den typischen Stadtplan. Gekonnt markiert die freundliche Dame die '**klassische Tour**' durch den Ort. Man beginnt am zentralen Platz gegenüber und betritt die Altstadt über die Via Catolotti. Nach dem ersten Linksschwenk erscheint der Torre Soca, ein massiver Turm aus dem 13. Jahrhundert. Nach wenigen Metern gibt es einen Hinweis auf eine 'mittelalterliche Verbindung', die bei Kindern sehr beliebt ist und bei der Kirche die San Giorgio wieder auf den Hauptweg trifft. Geht man den 'eigentlichen' Weg weiter, betritt man nach kurzer Zeit die Piazza Vittorio Emanuele II mit besteigbarem Turm. Von oben hat man einen nicht ganz optimalen Blick auf Lovere, es ist ein bisschen eng und der Maschendrahtzaun behindert ein wenig die Sicht. Weiter geht es zur besagten San Giorgio, von dort zum modernen Santuario delle Sante Geroa e Capitanio und anschließend bergab und vorbei am Torre delli Alghisi zur Accademia. Eine schöne Runde, um in ca. 30 min. den Ort kennenzulernen. Jedes Bauwerk verfügt über eine ansprechende Infotafel in Italienisch und Englisch.

ACCADEMIA DI BELLE ARTE TADINI

Das große klassizistische Gebäude an der Uferpromenade fällt jedem Besucher sofort ins Auge. Hier schlägt das kulturelle Zentrum des Alto Sebino (des oberen Iseosees). Es wurde 1829 von seinem Gründer Ligi Tadini eröffnet und war Ausdruck einer Öffnung hin zu den schönsten Künsten, inspiriert von den Auswirkungen der Französischen Revolution und der Belle Epoque. Heute beinhaltet die Akademie eine Vielzahl an Sammlungen aus Kunst, Malerei, Musik und Archäologie. Mit Ausstellungen gibt man sich in Lovere allerdings nicht zufrieden, zusätzlich wird unterrichtet, in Musik und Malerei – sogar in Meisterklassen. Respektabel für diesen kleinen Ort. Bravo.

Informationen | **Accademia di Belle Arti Tadini** - Palazzo Tadini Via Tadini 40. 24065 Lovere (BG). T +39 (0)35 962780. direzione@accademiatadini.it. **www.accademiatadini.it.**

Die Accademia Tadini

Direkt am See und leicht zu finden, da sehr prominent platziert. Das ganze Jahr über gibt es Ausstellungen, Veranstaltungen und andere Angebote.

Das Naturkundemuseum 'Museo civico di Scienza Naturali' informiert in mehreren Abteilungen an verschiedenen Standorten im Ort über die Natur. www.museoscienzelovere.it

DIE KIRCHEN IN LOVERE

Zu erwähnen ist die **Renaissance-Basilica di Santa Maria** in Valvendra aus dem 15. Jahrhundert, bekannt nach dem heute zugebauten gleichnamigen Tal. Im Innern beeindruckt die stattliche Kirche mit dem von 12 Säulen gesäumten Kirchenschiff. Interessant, aber nicht wirklich schön ist das Santuario delle Sante Bartolomeo Capitanio e Vincenza Gerosa an exponierter Position. Das ganze Gebäude wirkt wie ein **Dom aus der Neuzeit**, Fertigstellung war das Jahr 1938 unter dem Bischof von Brescia. Aus dem 14. Jahrhundert stammt die Chiesa di San Giorgio mitten in der Altstadt. Die Kirche wurde auf dem ursprünglichen Torre Soca erbaut und besticht durch die schöne und prunkvolle Innengestaltung.

TORRE SOCA UND PIAZZA VITTORIO EMANUELE II

Alle Gassen der Altstadt treffen sternförmig an diesem zentralen Platz zusammen. Er ist nicht groß, aber schön, vom Torre Civica (Soca) hat man einen schönen Blick auf die Umgebung. **Im Turm selbst ist ein kleines Museum untergebracht**, das über die Geschichte des Turms und des Platzes informiert.

FREMDENVERKEHRSAMT

Ufficio Turistico IAT Alto Sebino Piazza XIII Martiri, 37. 24065 Lovere (BG). T +39 (0)35 962178. info@iataltosebino.it. Skype Ufficio IAT Alto Sebino. **Rathaus** (Municipio) Via G. Marconi, 19. 24065 Lovere (BG). T +39 (0)35 983623. **www.comune.lovere.bg.it.**

EMPFEHLENSWERTE AUSFLÜGE | LOVERE

Val Camonica (s. S. 37), Lago d'Endine (s. S. 182), Valle del Freddo (s. S. 184).

Lovere ist der zentrale Ausgangspunkt für Ausflüge im Norden. Landschaftlich und naturkundlich höchst interessant ist der Ausflug ins südwestlich gelegene Val Cavallina, wo mehrere Bergseen und das berühmte - weil unterkühlte - Valle del Freddo mit gleichnamigen Naturpark liegen. Im Norden beginnt das Valcamonica; mit seinen bedeutenden Felsmalereien weltweit bekannt, bietet es eine beeindruckende Bergwelt und mit Darfo Boario Terme ein interessantes Ausflugsziel.

NACHBARORT CASTRO

Für den Tourismus mäßig interessanter Ort mit einigen Highlights. Der Platz an der Schiffsanlegestelle eignet sich für eine kleine Pause mit Espresso an der Bar. **Der Blick über die Oglio-Bucht**, hinüber nach Pisogne und auf den südlichen See ist am Abend besonders schön. Sehenswert sind die ehemalige Kirche San Giacomo und der daneben liegende ungewöhnliche Neubau (in Italien sieht man selten neu gebaute Kirchen!). Weiter entlang der Uferpromenade erscheint bald die Casa Tedoldi mit Arkadengang, bis sich schließlich der Bergbach Tizzano über mehrere Stufen lautstark in den See ergießt.
Ganz in der Nähe befindet sich auch der '**Parco del Tinazzo**' , eine Art Klamm, die der Tizzano in Jahrtausenden geformt hat. Zugang über die Via Corna, es gibt eine gut gemachte Broschüre ('Il sentiero tra Lago e Lago'). Rathaus (Municipio) Via Matteotti, 45. 24063 Castro (BG). T +39 (0)35 960 666. www.comune.castro.bg.it

LAGO D'ENDINE

Der gut 6 km lange See hat eine Fläche von 2 km² und eine max. Tiefe von 9 m. Zahlreiche Gemeinden liegen um den See verstreut; touristische Angebote wie schön gelegene Cafés oder Restaurants muss man allerdings mit der Lupe suchen. Doch es gibt sie: in Monasterolo ein schönes Strandbad und mit

Bei Anglern und Ruhesuchenden ist der See sehr bleibt. Interessanter Ausflug.

Segelsport vor Lovere

dem Ristorante Laguna eine gute Möglichkeit am See zu essen. Beliebt ist der See bei Anglern, die vor allem im nördlichen Teil ein ergiebiges Fischgebiet vorfinden. Angelboote werde vor Ort verliehen, Angelläden sind an jeder Ecke zu finden - Karpfen, Zander, Hecht und Waller warten schon.

VALLE DEL FREDDO

Ein Kleinod für Naturfreunde ist das Valle del Freddo. Die einzigartige Lage am Fuße eines Nordhangs sorgt für hochalpine klimatische Bedingungen, wie sonst erst oberhalb der Baumgrenze. Die kargen Böden und die niedrigen Temperaturen bringen sogar Edelweiße hervor. Der Park darf nur in Begleitung eines Naturführers und zu ausgewählten Zeiten betreten werden: Samstag und Sonntag und nur in den Monaten Mai, Juni und Juli. Anmeldungen bei der Parkverwaltung '**Comunità Montana dei laghi bergamaschi**' in der Via del Cantiere, 4. T +39 (0)35 4349811 oder im Tourismus-Büro an der Schiffsanlegestelle.

CLUSONE

Der Ort mit 8 000 Einwohnern im Val Seriana ist nicht zuletzt wegen seiner zahlreichen Baudenkmäler einen Besuch wert. Neben einer Planetenuhr aus dem 16. Jahrhundert lassen sich einige gut erhaltene Palazzi und Kirchen bewundern, unter anderem die Basilica di Santa Maria Assunta.

Informationen gibt's bei **Pro Clusone** an der Piazza Orologio, 21. 24023 Clusone (Bg). +39 (0)346 21113. info@turismoproclusone.it. **www.turismoproclusone.it**.

Clusone ist nicht mit dem Clusone am Iseosee zu verwechseln. Toller Bergort.

DARFO BOARIO TERME

Schon Alessandro Manzoni besuchte Mitte des 19. Jahrhunderts die Thermal- und Heilwasserquellen von Darfo Boario Terme. Spätestens 1913 wurde mit dem Bau der Marmorkuppel die Bedeutung des Kurorts manifestiert. Heute ist die Anlage eine der wichtigsten ihrer Art in Italien; Die Terme di Boario mt Wellness und Spa ohne Limit. Der angegliederte Adventure Park mit Seilgarten, Sommerrodelbahn und anderen Freizeitmöglichkeiten lockt auch Kinder und Jugendliche an. Darfo ist Hauptstadt und Regierungssitz des Val Camonica mit ca. 15 000 Einwohnern. Das Castello Montecchio, von dem nur noch die Grundmauern stehen, ist dem Verfall überlassen worden.

Informationen zur Terme unter www.termediboario.it. Terme di Boario S.p.A. - Piazzale delle Therme, 3. 25041 Darfo Boario Terme (Bs). T +39 (0)364 525011. Ab 30 EUR für 3 Stunden; Zusatzleistungen kosten extra.

SPORT UND FREIZEIT | LOVERE

Berg- und Wassersport wird in Lovere großgeschrieben. Auch zahlreiche Wandertouren beginnen unten im Ort, wobei es sinnvoll sein kann, mit dem Auto weit hoch zu fahren, da die unteren Wegstücke oftmals asphaltiert sind.

WANDERUNGEN

Für Fußgänger wie Mountainbiker gleichermaßen interessant ist die Tour hinauf zum Rifugio Magnolini (Sentiero 551). Zunächst geht es über die Teilorte Qualino und Flacanico nach Ceratello, wo man gut parken kann. Von dort läuft man in ca. 4 h hinauf zur ganzjährig bewirtschafteten Berghütte. Die Schwesterstrecke (Sentiero 552) führt über das Dorf Bossico und den Monte Croce in gut 3 h zur Frischwasserquelle 'Fontanafredda'. Beide Touren bedürfen einer gewissen Erfahrung in den Bergen.

STRÄNDE UND SEEBÄDER

Sehr zentral und zu Fuß zu erreichen ist das 'Piscine di Lovere', ein Bäderkomplex, dem man in dieser Form an den italienischen Seen selten begegnet. Es ist überhaupt schwierig, Hallenbäder zu finden, die einen verregneten Frühjahrs- oder Herbsttag retten können. In Lovere ist das möglich! Das Bad hat ganzjährig geöffnet, im Winter naturgemäß nur der Hallenbereich mit 25-Meter-Becken. Im Sommer erfreuen ein großes rundes Abenteuerbecken, eine Bar, ein Restaurant und eine große Liegewiese mit Seezugang. Das ganze Jahr über werden zahlreiche Wasser-Fitness- und Entspannungsprogramme angeboten. Informationen unter www.piscinedilovere.it. Die Eintrittspreise sind moderat (Familie mit zwei Kindern ca. EUR 16,00). Piscine di Lovere. Via G. Paglia, 3/A. 24065 Lovere (Bg). 035 960 466.

UNTERKÜNFTE | LOVERE

In Lovere gibt es ein Vier-Sterne-Haus, einige Mittelklassehotels (Albergo) und gute B&Bs. Auch ein Youth-Hostel mit Preisen ab EUR 20,00 lockt Schulklassen, Gruppen und Familien. Die meisten Unterkünfte liegen in der Nähe des Uferbereichs, die Durchgangsstraße fest im Blick. TIPP | Ein gutes Hotel ist immer nur so gut wie die Lage des Zimmers. Buchen Sie also stets mit Seeblick, sonst landen Sie im Hinterhaus mit Blick zur Straße bzw. zu einer grauen Hausfassade! Schön ist der obere Ortsteil, wo ein Blick auf den See und die Umgebung lockt, hier liegen einige gute B&Bs.

Hotel Lovere Resort & Spa Via Marconi, 97. 24065 Lovere. Bestes Hotel am Ort inkl. exklusivem Spa-Bereich. Preise ab EUR 89,00 (DZ). www.hotellovere.it. Hotel Spa Castello. Via Del Santo 1, 24065 Lovere. 035 964129. Etwas erhöhte

Geeignete Stelle, **um in die Altstadt einzutauchen.**

angenehme Lage mit Zimmern zum See. Preise ab EUR 120,00 (DZ). **Villa Palma Bed & Breakfast** Via Nazionale 5, 24065 Lovere. 035 972150. Bestnoten für dieses alte stilvolle Haus am See. Preise ab EUR 60,00 (DZ). www.bbvillapalma.it. **Bed&Breakfast 'Giardino sul Lago'** Via Bergamo, 10/12. 24065 Lovere. 035 960767. Schöne Lage beim Yachthafen mit sehr netten Gastgebern. Preise ab EUR 58,00 (DZ). www.giardinolago.com. **Ostello del Porto** Via Paglia, 70. 24065 Lovere. 035 983529. In der Nähe des Yachthafens schläft man im Ostello di Porto bereits ab EUR 19,00 im Mehrbettzimmer. Günstiger geht es am Iseosee nicht. http://digilander.libero.it/ostellodelporto. Die nächsten Campingplätze findet man in Riva di Solto und Pisogne.

VERSORGUNG | LOVERE

Einen wirklich großen Supermarkt sucht man in Lovere vergebens, dafür gibt es viele kleine Alimentari (=Lebensmittelläden) und Spezialitätengeschäfte in der Fußgängerzone und entlang der Hauptstraße. LD Supermarkt. Via Giorgio Paglia, 32/34. 24065 Lovere. Wochenmarkt: direkt auf dem großen Parkplatz gegenüber dem Rathaus (Municipio) auf der Piazzale Marconi; immer am Samstag von 8.00 bis 13.00 Uhr.

ESSEN UND TRINKEN

Unzählige Restaurants buhlen um die Gunst der Besucher. Fast wie an einer Perlenschnur ziehen sie sich am Ufer entlang – und das Essen ist überall gut, Entscheidungskriterien sind hauptsächlich Lage und Preis. Parol Osteria. Vicolo Caserma, 4. 24065 Lovere. 035 960818. Bestes Lokal der Stadt. www.ristoranteosteriaparol.it.

MEDIZINISCHE VERSORGUNG

Farmacia Arezzi. Piazza 13 Martiri, 14, in der Nähe der Anlegestelle. Farmacia Rillosi Stanislao. Via Gregorini, 8. Das Krankenhaus Ospedale „SS. Capitanio e Gerosa" befindet sich in der Via Martinoli, 9. 24065 Lovere (Bg).

WAS MAN NOCH WISSEN MUSS

Lovere ist über ein modernes Tunnel- und Schnellstraßensystem optimal mit der Umgebung verbunden. Die meisten Ziele im Norden, auf der anderen Seite des Sees sowie im Valle Cavallina mit Lago d'Endine sind so recht zügig zu erreichen.

Typisches 'Panificio', gesehen in Lovere

Alte Schmiedekunst

SEBINO VON A BIS Z.

NÜTZLICHE INFORMATIONEN FÜR EINEN URLAUB AM ISEOSEE

ANGELN

Der Angelsport hat am Iseosee viele Freunde. Fischarten wie Alsen, Flussbarsche, Felchen, Hechte, Weißfische, Schleien, Forellen und Karpfen tummeln sich im Wasser. Viele Einheimische angeln zum Zeitvertreib in den Hafenanlagen. Einen Angelschein erhält man gegen Gebühr z.B. beim Postamt oder bei der Gemeinde. Beliebt ist der Lago di Endine.

ERSTE-HILFE-STATIONEN UND KRANKENHÄUSER

In Notfällen rufen Sie den Notarzt, bei weniger akuten Fällen suchen Sie entweder ein örtliches Krankenhaus oder eine Erste-Hilfe-Station auf. Für die Aktualität v.a. der Telefonnummern können wir allerdings keinerlei Gewähr übernehmen.

ÄRZTE

Ärzte sind zahlreich am Iseosee. Am besten rufen Sie im Internet die 'pagine gialle' (Gelbe Seiten) auf oder fragen im nächsten Postamt nach. Sie erhalten eine Liste von Ärzten aller Fachrichtungen und Orte.

APOTHEKEN

Apotheken sind nur zu den normalen Geschäftszeiten (9.30-12.30 Uhr, 15.30-19 Uhr, manchmal 19.30 Uhr) geöffnet. Nachts und am Wochenende erhält man wichtige Medikamente über Krankenhäuser und medizinische Dienste. Das italienische Wort für Apotheke ist 'farmacia'. Sie sind durch ein grünes Schild über dem Eingang gekennzeichnet. Wenn dieses blinkt, ist die Apotheke geöffnet.

BOOTSLIEGEPLÄTZE

In praktisch jeder Gemeinde gibt es Gastanliegplätze, die man vorübergehend zum Anlegen nutzen darf. Eine längere Nutzung sollte mit dem Hafenmeister (Rathaus) abegstimmt werden.

BUSVERBINDUNGEN

Bus fahren in Italien ist kein Problem, Schwieriger ist es, die Kartenverkaufsstellen zu identifizieren. In der Regel verkaufen die Tabacchi-Läden und in der Nähe gelegene Cafés die begehrten Tickets.

CAMPINGPLÄTZE

Am Iseosee zu campen kann man nur empfehlen. Die Ausstattung der Campingplätze ist sicherlich nicht an jeder Stelle absolut top, aber die Lage der

Plätze weiß zu überzeugen. Viele sind nur durch eine schmale Uferpromenade vom See getrennt.

FEIERTAGE/FESTIVI

Neujahr = Capodanno: 1. Januar. Heilige Drei Könige = Epifania: 6. Januar. Ostermontag = Montag di Pasqua: Ostermontag. Tag der Befreiung Italiens = Liberazione dell'Italia: 25. April. Tag der Arbeit = Festa del lavoro: 1. Mai. Tag der Republik (Nationalfeiertag) = Festa della Repubblica Italiana: 2. Juni. Mariä Himmelfahrt = Ferragosto: 15. August. Allerheiligen = Ognissanti: 1. November. Mariä Empfängnis = Immacolata Concezione: 8. Dezember. 1. Weihnachtsfeiertag = Natale: 25. Dezember. 2. Weihnachtsfeiertag = Santo Stefano: 26. Silvester = San Silvestro: 31. Dezember.

MÜLL

Das System der Müllentsorgung in Italien ist etwas anders als in Deutschland gewohnt. Mülltonnen vor dem Haus bzw. der Ferienwohnung sucht man vergebens. In Italien stehen dafür alle ein bis drei Kilometer große Mülltonnen der Gemeinde, in die der Müll entsorgt werden kann. Flaschen und Metalldosen werden separat in dafür extra aufgestellten Behältern gesammelt. In den letzten Jahren hat sich daran aber wesentlich etwas geändert. Die freien Mülltonnen sucht man mancherorts vergeblich. Zuviel wurde ohne großes Nachdenken darin versenkt, das Sortieren wird jetzt großgeschrieben.

NOTRUF

In ganz Europa gilt bis auf wenige Ausnahmen die Notfallnummer 112. Notarzt (emergenza sanitaria). 118. Feuerwehr (vigili del fuoco). 115. Straßenpolizei (polizia stradale). 113. Verkehrspolizei. 06 67691. Pannendienst. 116.

ÖFFNUNGSZEITEN DER GESCHÄFTE

Geschäfte haben im Allgemeinen von 9 bis 12.30 Uhr und von 15.30 bis 19 Uhr geöffnet. Lebensmittelgeschäfte und Bäckereien öffnen meist früher, schon ab 6 bis 7 Uhr. Am Sonntag haben Geschäfte des täglichen Bedarfs bis 13 Uhr geöffnet. Die Öffnungszeiten der Banken sind Montag bis Freitag 9 bis 13.30 Uhr und 14.45 bis 15.45 Uhr am Nachmittag. Die Post hat zwischen 8.45 und 13.45 Uhr geöffnet, nachmittags ist sie geschlossen.

SCHIFFFAHRT

Die staatliche Organisation Navigazione Laghi hat die Schifffahrt auf dem Iseosee fest im Griff. Die Schiffe steuern fast jede Ortschaft am See an. Die Fahrzeiten sind in der Regel zuverlässig, die Pläne an den Stationen trotz Zweisprachigkeit dagegen nicht immer sofort verständlich. Fahrkarten gibt es auf dem Schiff oder an der Anlegestelle: Etwa zehn Minuten vor Ankunft des Schiffs taucht auf geheimnisvolle Weise, aber zuverlässig ein Mitarbeiter auf, der Tickets verkauft. Aktuelle Fahrpläne und Abfahrtszeiten kann man als PDF unter **www.navigazionelaghi.it** downloaden.

SUPERMÄRKTE UND SHOPPINGCENTER

Die Öffnungszeiten italienischer Geschäfte sind sehr kundenfreundlich. An allen Tagen der Woche ist geöffnet, teilweise auch bis in die späten Abendstunden. Dies gilt insbesondere für die touristischen Zentren und die Saisonzeiten. Große Supermärkte gibt es in Iseo, kleinere wie z.B. pelicano auch in kleineren Orten. Daneben gibt es eine schier unendliche Zahl von 'Mini-Markets', die Artikel des täglichen Bedarfs allerdings etwas teurer anbieten.

ZUG FAHREN AM ISEOSEE

Eine der entspanntesten Fortbewegungsarten, die es gibt. Am Iseosee hat eszahlreiche Bahnhöfe an der Ostseite zwischen Iseo und Pisogne. Karten am Schalter, am Automat oder im Reisebüro.

Italienische Zentrale für Tourismus ENIT
Direktion für die deutschsprachigen Länder, Benelux, Mitteleuropa
Dott. Marco Montini
Barckhausstrasse 10
D-60325 Frankfurt / Main

Tel. +49 - (0)69 - 237434
Fax +49 - (0)69 - 232894

www.enit-italia.de
E-Mail: frankfurt@enit.it

Öffnungszeiten: Mo - Fr 9.15 - 17 Uhr / Sa geschlossen

KLEINES REISEALPHABET

Im Restaurant (al ristorante)

Ich würde gern einen Tisch für zwei Personen bestellen.
Vorrei prenotare un tavolo per due persone.

Ich würde gern bestellen.
Vorrei ordinare.

Könnten Sie uns das Menü / die Weinkarte bringen?
Potrebbe portare il menu / la lista dei vini?

Was können Sie mir / uns empfehlen?
Che mi / ci consiglia?

Was möchten Sie essen / trinken?
Che cosa desidera mangiare / bere?

Ich möchte eine Suppe / einen Salat / frische Nudeln / ein Dessert.
Vorrei una zuppa / un'insalata / della pasta fresca / un dessert.

Ich möchte Wein / Bier / Saft / Wasser trinken.
Vorrei bere vino / birra / succo / aqua.

Ich würde gern zahlen. / Die Rechnung bitte.
Vorrei pagare. / Il conto per favore.

Wo ist das Bad?
Dov'è il bagno?

Im Hotel (nel hotel)

Ich würde gern ein Einzel- / Doppelzimmer reservieren.
Vorrei prenotare una stanza singola / doppia.

... für 1, 2, 3, 4, 5, 6 Tage / eine Woche.
... per uno, due, tre, quattro, cinque, sei giorni / una settimana.

... mit eigenem Bad.
... con bagno privato.

KLEINES REISEALPHABET

Im Restaurant (al ristorante)

Ich würde gern einen Tisch für zwei Personen bestellen.
Vorrei prenotare un tavolo per due persone.

Ich würde gern bestellen.
Vorrei ordinare.

Könnten Sie uns das Menü / die Weinkarte bringen?
Potrebbe portare il menu / la lista dei vini?

Was können Sie mir / uns empfehlen?
Che mi / ci consiglia?

Was möchten Sie essen / trinken?
Che cosa desidera mangiare / bere?

Ich möchte eine Suppe / einen Salat / frische Nudeln / ein Dessert.
Vorrei una zuppa / un'insalata / della pasta fresca / un dessert.

Ich möchte Wein / Bier / Saft / Wasser trinken.
Vorrei bere vino / birra / succo / aqua.

Ich würde gern zahlen. / Die Rechnung bitte.
Vorrei pagare. / Il conto per favore.

Wo ist das Bad?
Dov'è il bagno?

Im Hotel (nel hotel)

Ich würde gern ein Einzel- / Doppelzimmer reservieren.
Vorrei prenotare una stanza singola / doppia.

... für 1, 2, 3, 4, 5, 6 Tage / eine Woche.
... per uno, due, tre, quattro, cinque, sei giorni / una settimana.

... mit eigenem Bad.
... con bagno privato.

... mit Halb-/Vollpension
... con mezza pensione/ pensione completa

Auf dem Campingplatz (al campeggio)

Ich würde gern einen Zeltplatz / Stellfläche für Camper / Bungalow reservieren.
Vorrei prenotare un posto tenda / posto per il camper / bungalow.

... für 1, 2, 3, 4, 5, 6 Tage / Woche.
... per uno, due, tre, quattro, cinque, sei giorni / una settimana.

Wo sind die Waschanlagen?
Dove sono i servizi igienici?

Beim Einkaufen (fare la spesa)

Wieviel kostet ...?
Quanto costa ...?

Ich möchte hundert Gramm / ein halbes Kilo / ein Kilo ...
Vorrei cento grammi / mezzo chilo / un chilo di ...

Nach dem Weg fragen (chiedere indicazioni stradali)

Entschuldigung, wo ist der Bahnhof / Zentrum.
Scusi, qual è la strada per la stazione / il centro?

Muss ich geradeaus / links / rechts?
Devo andare dritto / a sinistra / a destra?

Im Museum / Theater (al museo / teatro)

Wieviel kostet eine Eintrittskarte?
Quanto costa il biglietto?

Wie lange haben Sie geöffnet?
Fino a quando è aperto?

Index

IMPRESSUM

TEXTE UND RECHERCHE
Robert Hüther

FACHARTIKEL VON GASTAUTOREN
Franciacorta; Lombardei; Kleines Reisealphabet; Provin Bergamo; Provinz Brescia; Felsbilder Val Camonica; Beretta; Riva. Vielen Dank für den tollen Einsatz.

FOTOS UND ABBILDUNGEN
Robert Hüther; andere s. S. 200

LEKTORAT
Sonja Fiedler, Neu-Ulm.

KARTOGRAFIE
Zwischenräume Verlag; OpenStreetMap
Lizenz: Open Database License (ODbL; http://opendatacommons.org/licenses/odbl)

URHEBERSCHAFT
Zwischenräume Verlag
Robert Hüther
Markbronner Weg 11
DE-89077 Ulm

T +49 (0)731 718 878 35
F +49 (0)731 718 878 36
info@zwischenraeume-verlag.de
www.zwischenraeume-verlag.de

1. AUFLAGE 2014

ISBN 978-3-943663-07-5

DRUCK
Schürrle, Stuttgart.

ABGRENZUNG
Die in dieser Publikation angegebenen Links verstoßen weder gegen Sitten noch Gesetze, was genau einmal geprüft wurde, bevor sie hier aufgenommen wurden.

KEINE HAFTUNG
Die Inhalte dieser Publikation wurden sorgfältig geprüft und nach bestem Wissen erstellt. Aber für die hier dargebotenen Informationen wird kein Anspruch auf Vollständigkeit, Aktualität, Qualität und Richtigkeit erhoben. Es kann keine Verantwortung für Schäden übernommen werden, die durch das Vertrauen auf die Inhalte dieser Publikation oder deren Gebrauch entstehen.

Hergestellt ausschließlich in Deutschland.

SCHUTZRECHTSVERLETZUNG

Falls Sie vermuten, dass von dieser Publikation aus eines Ihrer Schutzrechte verletzt wird, teilen Sie das bitte umgehend per elektronischer Post mit (info@zwischenraeume-verlag.de), damit zügig Abhilfe geschaffen werden kann. **Bitte nehmen Sie zur Kenntnis**: Die zeitaufwändigere Einschaltung eines Anwaltes zur für den Diensteanbieter kostenpflichtigen Abmahnung entspricht nicht dessen wirklichen oder mutmaßlichen Willen.

BILDQUELLENNACHWEIS

Fotos auf den Seiten: S. 24 © paolo ardiani; S. 26 © salparadis; S. 27 © Claudio Colombo; S. 30/32 © francovolpato; S. 32 © olly; S. 43 © Comugnero Silvana; S. 47 © andrearinaldi; S. 55 © fusolino; S. 129 © Fulcanelli; S. 148 © m.bonotto; S. 182 © BelliniFrancescoM81; alle Fotalia.com.

Fotos auf den Seiten: S. 40; S. 43/51 (beretta); S. 56 (aeroporto); S. 57 (treno); S. 73 (torre); S. 74 (chiesa); S. 184 (Clusone); www.wikipedia.de (GNU-Lizenz der Wikimedia Commons; Public Domain).

Illustrationen auf den Seiten: S. 28, 29, 36, © Sergei Golikov; alle vector-images.com.

Fotos auf den Seiten: S. 39 © Mario Bonotto; alle www.123rf.com.

Karten auf den Seiten: 28, 36, 75, 84, 93, 109, 136, 152, 164, 181, 201/202: Daten von OpenStreetMap - Veröffentlicht unter ODbL (http://opendatacommons.org/licenses/odbl)

HINWEIS

Es liegt niemals im Interesse des Verlags, die Urheberrechte der Fotografen und/oder der Autoren zu verletzen. Sollten Sie eine Urheberrechtsverletzung feststellen, wenden Sie sich bitte zuerst an den Verlag.

Lizenz: Open Database License (ODbL)

Nandovere
Olo
Bretten
Portole
Dazze
Gole
Prat de Gai
Tesa de la Corna
Acqua
Fornelli
Polaveno
Bardinelli
Dosso delle Cariole
Dosso del Cuti
Presso
Marasino
Sale Marasino
Gandizzano
Maspiano
San Mauro
Clogne
Croci
Nistisino
Dosso Brugo
Cuna
Caposs
Comai
Tassano
Sale Marasino
Sulzano
Carzano
Olzano
Masse
Siviano
Sinchignano
Cure
Menzino
Senzano
Sensole
Peschiera Maraglio
Pilzone
Gaina
Baiana
Foina
Persaga
Medile
Sergnana
Iseo Porto
Pian delle Viti
Provaglio-Timoline
Tavernola Bergamasca
Monte Pingiolo
Vigolo
Colle del Giogo
Predore
Clochet
Cremignane
Corte Franca
Clusane
Zuccone
Colombaro
Colle di Oregia
Colle Cambline
Colle Dedine
Corna Gemella
Giogo
Costa della Crista
Coma del Monte Piano
Ducone Alto
Colognola
Vladanica
Sarnico
Tengattini
Paratico-Sarnico
Paratico
Adrara San Rocco
Forno
Riva
Canzanica
Adrara San Martino
Caretto
Credaro
Villongo
Vetta del Monte Sednina
Col Croce
Capriolo

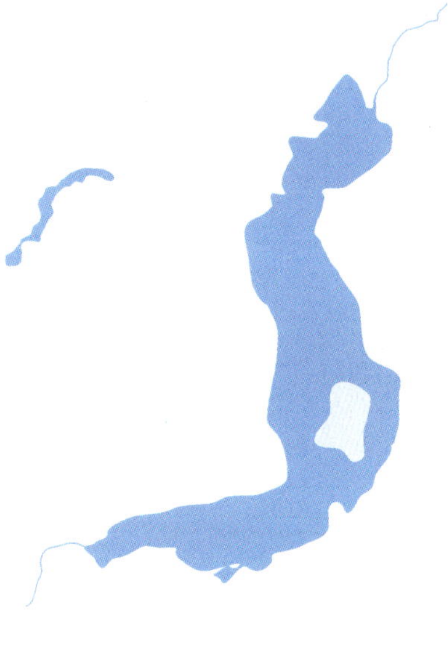